Gabriele Maul-Krummrich
Wolfgang Krummrich

Marionetten

Gabriele Maul-Krummrich
Wolfgang Krummrich

Marionetten

So baut man sie – so spielt man mit ihnen
Ein Handbuch mit über 150 Abbildungen

Verlag Paul Haupt Bern und Stuttgart

Fotonachweis:
Museum Bellerive, Zürich (Nr. 120, 131, 135),
Hochschule der Künste, Berlin (Nr. 121), Hans
und Christian Meile, Stadtbergen (Nr. 130),
Fritz Herbert Bross, Schwäbisch Hall (Nr. 136),
Münchner Stadtmuseum (Nr. 1, 3, 122).
Alle übrigen Aufnahmen Wolfgang Krummrich und
Dieter Kahl, Bremen

Zeichnungen: Wolfgang Krummrich, Bremen

CIP-Kurztitelaufnahme der Deutschen Bibliothek

Maul-Krummrich, Gabriele:
Marionetten: so baut man sie – so spielt man mit ihnen;
e. Handbuch mit über 150 Abb./
Gabriele Maul-Krummrich; Wolfgang Krummrich. –
Bern; Stuttgart; Haupt, 2., überarb. Aufl., 1985.
ISBN 3-258-03553-9
NE: Krummrich, Wolfgang.

Alle Rechte vorbehalten
Copyright © 1985 by Paul Haupt Berne
Typographische Gestaltung: Kurt Thönnes Bern

Einleitung

Dieses Buch soll diejenigen ansprechen, die von Marionetten fasziniert oder sogar von ihrer Ausstrahlungskraft gefesselt sind. Der Umgang mit Marionetten ist ein vielseitiges, kreatives Steckenpferd, mit dem sich in den unterschiedlichsten Berufen (Puppenspieler, Lehrer, Sozialarbeiter, Kindergärtnerin usw.) phantasievoll arbeiten läßt. Sie können zur Unterhaltung, zu engagiertem Spiel oder auch zu therapeutischen Zwecken eingesetzt werden.

Eltern und Großeltern bietet das Buch die Chance, Kinder (ab etwa 3 Jahren) zu kreativem Spiel anzuregen, für sie die beliebten Spielfiguren selbst anzufertigen oder sie (ab etwa 6 Jahren) zum Bauen anzuleiten.

Es wird dem Marionettenliebhaber eine verständnisvolle und umfassende Einführung in Marionettenbau und -spiel gegeben. Allmählich gelangt der Anfänger zum Entwerfen von Marionetten und zu eigenen Spielideen. Dabei wird er bemerken, daß seine Ausdrucksfähigkeit wächst und er immer mehr Freude am Puppenspielen entwickelt. Darüber hinaus stellt er fest, daß er sich und den Mitspieler (sein Kind z. B.) neu entdeckt.

Der schon Erfahrene findet ein detailliertes Arbeitsbuch vor, das ihm eine Auseinandersetzung mit den wesentlichen Techniken und Anwendungsgebieten ermöglicht.

Marionetten begeistern die Menschen schon seit Jahrtausenden. Als Einstimmung in das Thema erfahren Sie Einzelheiten ihrer hochinteressanten Geschichte.

Vorteilhaft für das Gelingen des Marionettenbaus ist es, den nicht einfachen Zusammenhang zwischen Führungsmechanik und Ausdrucksmöglichkeiten der Marionette zu verstehen. Der nächste Abschnitt führt schrittweise und mit vielen Zeichnungen in die Grundlagen der Bautechniken ein. Ausführliche Bau- und Spielanleitungen, vervollständigt durch allgemeine Überlegungen und Anregungen, schließen sich an. Der letzte Teil enthält grundsätzliche Gedanken über die Ausstrahlungskraft von Marionetten: Berühmte Schriftsteller und Philosophen haben sich davon anregen und bewegen lassen.

In einem Anhang wird der Bau von Gelenken aufgezeigt, ein Bezugsquellennachweis, ein Stichwortregister und ausführliche Literaturhinweise vermitteln weitere wertvolle Informationen.

Wir bedanken uns bei Dr. Sigrid Barten vom Museum Bellerive, Zürich, Dr. Wolfgang Till von der Puppentheatersammlung der Stadt München, Prof. Herta Pflumm-Schönewolf von der Hochschule der Künste Berlin, Hannelore Marschall von der Augsburger Puppenkiste, Ted Moré, Künzelsau, für das zur Verfügung gestellte Bildmaterial, bei unseren Kursteilnehmern und den Studenten der staatlichen Hochschule für bildende Künste, Braunschweig, für die freundliche Überlassung ihrer Arbeiten.

Inhaltsverzeichnis

- 5 Einleitung
- 9 Geschichtlicher Überblick
- 14 Die Marionette und ihr Spielkreuz
- 15 Einführung
- 16 Die Kopfstocktechnik
- 17 Das Grundspielkreuz
- 19 Das Standardspielkreuz
- 21 Die Größe des Spielkreuzes
- 23 Spielkreuze leicht gebaut
- 25 Die Aufhängung der Marionette

Erweiterung des Standardspielkreuzes
- 26 *Beinbewegung*
- 28 *Verbesserung des Verbeugens*
- 29 *Handbewegung*
- 31 *Kopfbewegung*
- 32 *Bewegung von Mund und Augen*
- 34 *Marionettenkopplung*

- 35 Spielkreuze anderer Bauart

Marionetten selber bauen und spielen
- 38 Einführung

Bau- und Spielanleitungen
- 39 *Kopfstock-Marionetten*
- 54 *Grundkreuz-Marionetten*
- 64 *Marionetten mit Standardkreuz und dessen Erweiterungen*

Entwerfen von Marionetten
- 96 *Auswahl und Verarbeitung der Materialien*
- 106 *Von der Idee zum Entwurf*

- 108 Praktische Tips und Hinweise
- 114 Das Marionettenspiel
- 118 Bühnenformen

- 122 Mensch und Marionette

Anhang
- 126 Gelenke
- 133 Bezugsquellennachweis
- 135 Literaturverzeichnis
- 137 Stichwortverzeichnis

Geschichtlicher Überblick

Über den Ursprung des Wortes Marionette ist man sich nicht einig. Es stammt aus dem Französischen, und Guillaume Bouchet verwandte es erstmals um 1600 in einem seiner Werke. Ein Zusammenhang besteht zu der Heldin Marion in einem Schäferspiel des 13. Jahrhunderts, zu den beweglichen Marienfiguren der mittelalterlichen Weihnachtskrippen, zu der »marotte«, die Pritsche der Narren, zu dem mittelalterlichen Narren Mario. Im allgemeinen versteht man unter Marionette eine an Fäden (oder auch an Stangen) hängende Gliederpuppe. Der Spieler führt sie von oben mit Hilfe eines Führungskreuzes, an dem alle Fäden zusammenlaufen. Die Franzosen bezeichnen darüber hinaus mit dem Begriff jede Art von Theaterpuppen.

Das Marionettenspiel gehört zu dem weitumfassenderen Puppenspiel, unter das ebenfalls die Darbietung mit Hand-, Stab- und Stockpuppen sowie mit Schattenfiguren fällt. Es war ein beliebtes Volksspiel, vorrangig für Erwachsene, diente Kulturzwecken und war Ausdruck von engagierter politischer Darstellung.

Die Menschen versuchten von Beginn an, Fadenpuppe und Mensch miteinander in Beziehung zu setzen. Die ersten Zeugnisse für das Vorhandensein dieser Figuren findet man in der griechischen Antike (422 v. Chr., Symposion von Xenophon). Sie wurden »neurospasta«, die Fadengezogenen, genannt. Für Griechen und Römer waren ihre Vorführungen außerordentlich anziehend. Sie verkörperten das Sinnbild des menschlichen Schicksals. Platon z. B. meinte, der Mensch sei eine Puppe in der Hand der Götter und die Fäden seine Leidenschaften, die ihn ziehen. Ob es sich bei diesen Figuren schon um wirkliche Marionetten handelte, ist umstritten. Es könnten auch von innen durch Fäden bewegte mechanische Figurenwerke gewesen sein.

Bis ins 17. Jahrhundert weisen in Deutschland wenige Quellen auf das Puppenspiel hin. Die Gebildeten sahen auf das Volk und seine Vergnügungen herab. Das Spielrepertoire bestand aus Szenen der Ritterwelt, der Sagenwelt, der Welt der Geistlichkeit.

In Frankreich, Italien, Spanien und England dagegen hatte sich das Puppenspiel gut entwickeln können. Bis Mitte des 17. Jahrhunderts war es wie folgt konzipiert: Vor der Bühne erklärte ein Sprecher die Handlung, die Puppenspieler hantierten unsichtbar hinter der Bühne. Allmählich verlieh man der Puppe selbst die Stimme. Auch Shakespeare beeindruckten die Puppenspiele.

In Frankreich wurde Ende des 17. Jahrhunderts den Schauspielern die Konkurrenz mit den Puppentheatern zu stark. Außerdem fühlten sie sich durch die künstlichen Mimen lächerlich gemacht, so daß sie die Verbannung des Puppentheaters auf die Jahrmärkte der Pariser Vorstädte bewirkten.

In der ersten Hälfte des 18. Jahrhunderts war Basel Treffpunkt von Puppenspielern ganz Europas. Sie spielten in den Zunfthäusern oder in den Sälen von Gast- und Ballhäusern. Die deutschen Puppenspieler bildeten bald eine zunftähnliche Gemeinschaft mit besonderen Gesetzen: u.a. Verbot der Niederschrift der Spieltexte, Berufstracht (schwarzer Mantel, schwarzer Krempenhut). Das Puppenspiel stand in hohem Ansehen. In Frankreich wurde es von der Tochter Ludwig XIV. hoffähig gemacht. Le Sage, Piron, Voltaire schrieben für die Puppenbühne. In England boten Marionettenspiele die Dramen Shakespeares. Joseph Haydn komponierte Singspiele für die Puppenbühne, auf der vorwiegend – neben Handpuppen und Schattenfiguren – Marionetten agierten. Zu den beliebtesten Figuren in Deutschland, England und Frankreich gehörte Polichinelle, ein Nachkomme der in der italienischen Commedia dell' arte auftretenden Pulcinella.

Ein weiteres Zentrum des Puppenspiels war Wien. Anton Stranitzky (1676-1726) entwarf die Bauernpuppe »Hans-Wurst«, nach der später von Joseph Laroche der uns allen bekannte lustige »Kasper« entstand, zunächst eine Marionette, die dann die österreichischen und süddeutschen Handpuppenbühnen übernahmen. Als Marionette existierte diese Urfigur im gespielten »Faust« weiter, der seit 1588 zu einem etablierten Stück der Puppenbühne zählte und das Goethe zu seinem Urfaust (1773-1775) anregte.

Das volkstümliche Wandermarionettentheater des 19. und 20. Jahrhunderts versuchte verstärkt eine Imitation des Personentheaters. Dank seiner Wirkung auf die Menschen tauchte sogar der Gedanke auf, die Personenbühne durch die Puppenbühne zu ersetzen, um auf diese Weise das Volk zu bilden. Die Romantiker, wie Arnim, Kerner, Lenau, Mörike, Eichendorff, traten in eine gedankliche Auseinandersetzung um das Puppenspiel. Theodor Storm schrieb 1874 die Erzählung »Pole Poppenspäler«, auch Kleist dachte über das Marionettentheater als stilisiertes Personentheater nach (siehe Literaturangabe).

Die Marionetten konnten sich mittlerweile mit den Fähigkeiten der Schauspieler messen. Sie führten eine Vielzahl homogen aufeinander abgestimmter Bewegungen aus, ihr Äußeres war kunstvoll, und im illusionistischen Bereich hatten sie unendlich viele Ausdrucksmöglichkeiten.

Um 1858 erhob im deutschsprachigen Raum Franz Graf Pocci das Marionettenspiel von der Jahrmarktunterhaltung zu einem künstlerischen Theater, indem er Josef Leonhard Schmid, später bekannt als Papa Schmid, in München zu einem festen Marionettentheater verhalf. Durch dieses Vorbild entstanden weitere Puppenbühnen in Deutschland, in Österreich, in der Schweiz.

Im Gegensatz zur alten Marionettenbühne versuchten die meisten Puppenspieler des 20. Jahrhunderts keine Kopie der Menschenbühne mehr. Sie verzichteten auf eine naturalistische Gestaltung und erreichten eine Steigerung der Lebendigkeit der Marionette. Die Puppenbühne bekam ein selbstbewußtes Eigenleben.

▷

1 Kasperl, 2. Hälfte 19. Jahrhundert, Österreich

Den Anstoß zur Entwicklung dieses modernen Marionettentheaters gab 1914 die Zürcher Kunstgewerbeschule, die eine Ausstellung über modernes Theater zeigte. Prachtvolle Theatermasken sowie javanische und birmanische Marionetten verdrängten die naturalistischen Motive. Leitgedanke war: Abstraktion, Phantasie und Verwirklichung von Ideen. Da hierfür das große Theater ungeeignet schien, bot sich die kleinere Marionettenbühne an. Die Dada-Bewegung unterstützte das Vorhaben. 1918 verwirklichte die Kunstgewerbeschule Zürich ein stehendes Marionettentheater, das von international bekannten Künstlern getragen wurde. Weitere Neugründungen folgten, und die meisten Theater setzten sich durch. Neue Stilrichtungen, Maßstäbe und theatralische Medien entwickelten sich.

2 Kinder einer Grundschulklasse beim Marionettenbau

Nun wurde das Puppentheater auch als Mittel der Kindererziehung und Heilpädagogik beliebt. Diese Richtung erhielt ihre Impulse aus der staatlich geförderten Entwicklung im Ostblock.

Heute kann jeder das Spiel mit Marionetten erlernen und anwenden, wenn er davon fasziniert ist. Es ist Bestandteil unserer Alltagswelt.

▷
3 Harlekin und Columbine, 1925, Max Pokorny

Die Marionette und ihr Spielkreuz

4 Ein ausgefeiltes Spielkreuz

Einführung

Ein aus Holz, Stoff oder Leder entstandenes »Wesen«, das an ein paar Fäden hängt, wird in der Hand des Marionettenspielers auf einmal lebendig. Es springt, gestikuliert, spricht – unversehens besitzt es für uns Gefühle.

Die Puppe scheint unabhängig vom Spieler zu leben. Dieser ist auch nicht direkt mit ihr beschäftigt, sondern hantiert an einer Mechanik, zu der die Fäden der Puppe zusammenlaufen. Wir sind überrascht von der Vielzahl und Kompliziertheit ihrer Bewegungen. Die Marionette bückt sich: Der Faden am Gesäß wird nach hinten gezogen, die Schulterfäden werden schwach, die Hinterkopffäden stärker und der Nasenfaden wird weit heruntergelassen. Nun hebt die Marionette auch noch einen Fuß (Kniefaden leicht, Fußfaden stärker anheben). Wir sind überzeugt, daß jetzt mindestens vier Hände im Spiel sein müssen. Überraschenderweise lassen sich jedoch alle diese Bewegungen und noch einige mehr allein mit der rechten Hand hervorrufen.

Die Kunst liegt in der richtigen Anfertigung des Spielkreuzes, die in diesem Kapitel vermittelt wird. Aus einem einfachen Prinzip entstehen Führungskreuze für Kinder und anspruchsvolle für Berufspuppenspieler.

Damit die Marionette der Führung des Spielkreuzes gut folgt, benötigt sie leichtgängige Gelenke zwischen ihren Gliedern. Die Kleidung muß aus leicht beweglichen (dünnen) Stoffen gefertigt und großzügig zugeschnitten sein. Eine einfache (Menschen-) Marionette verfügt über Gelenke an den Stellen der Punkte in Abb. 5.

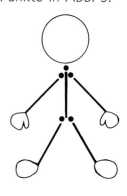

5 Die Gelenke einer einfachen Menschenmarionette

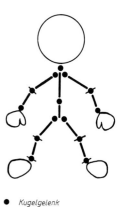

● Kugelgelenk
●— Scharniergelenk

6 Die Gelenke einer verfeinerten Menschenmarionette

Eine verfeinerte Marionette weist die in Abb. 6 eingezeichneten Gelenke auf. Die Gelenke sollen möglichst dieselben Bewegungen ausführen können wie ihre natürlichen Vorbilder. So soll z.B. ein Kniegelenk nach hinten, nicht aber seitlich und nach vorne (Scharniergelenk) zu bewegen sein.

Wie man Gelenke mit einfachen Mitteln herstellt, wird bei den Bauanleitungen beschrieben. Am Schluß des Buches befindet sich ein Überblick über die Gelenkbautechniken.

Die Kopfstocktechnik

Kopfstockmarionetten (auch Stangenmarionetten genannt) sind eine Vorstufe der allgemein bekannten Marionetten und sind den Stockpuppen verwandt. Durch die feste Verbindung des Stabes mit Kopf und Halsgelenk erhalten sie viele Ausdrucksmöglichkeiten (Erweiterungen vgl. S. 37). Kopfstockmarionetten sind wegen ihrer direkten Führung für Anfänger geeignet und lassen sich wegen ihrer Robustheit von Kindern ab etwa 3 Jahren spielen.

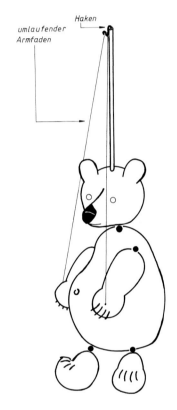

8 Eine Kopfstockmarionette mit Armfäden

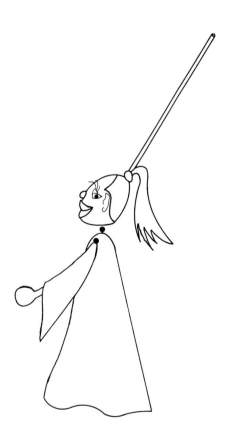

7 Eine Kopfstockmarionette

9 Führung einer Kopfstockmarionette

Das Grundspielkreuz

Das Grundspielkreuz verkörpert die Grundidee von Marionettenkreuzen: Mehrere Funktionen sind gleichzeitig mit einer Hand spielbar. Kippen wir das Kreuz nach vorn, bückt sich die Marionette.

11 Grundspielkreuz mit Beinführung

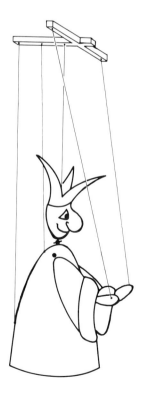

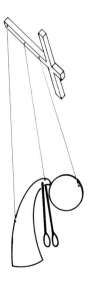

10 Grundspielkreuz mit Armführung 12 Verbeugen

Kippen wir das Kreuz seitlich, bewegen wir Hände (Füße). Kippen wir es seitlich hin und her, läuft die Tiermarionette.

Durch eine Abwandlung können Tiere mit vier Füßen gespielt werden. Damit sich die Beine gegenläufig bewegen, werden die Hinterbeinfäden über Kreuz befestigt (Kreuzschnürung).

Marionetten mit Grundkreuz sind vielseitig und ausdrucksstark. Da man sie mit einer Hand führen kann, lassen sich zwei Marionetten gleichzeitig spielen. Sie sind für Anfänger besonders geeignet, Kinder ab etwa 6 Jahren können sie bauen und damit spielen.

13 Die Marionette läuft durch seitliches Hin- und Herkippen des Spielkreuzes

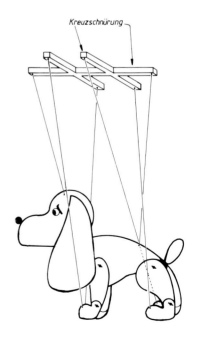

14 Abwandlung des Grundspielkreuzes

Das Standardspielkreuz

Aus Abb. 15 geht hervor, daß sich das Standardkreuz von dem Grundkreuz durch zwei zusätzliche Schulterfäden und die Armstange unterscheidet. Sie ist locker an die Rumpfstange angehängt, so daß sie beim seitlichen Kippen des Kreuzes (Laufen siehe S. 18) waagerecht bleibt (keine Bewegung der Puppenarme). Nimmt man die Armstange mit der freien (linken) Hand aus dem Haken, lassen sich beide Arme gleichzeitig oder getrennt bewegen. Die Schulterfäden, die rechte und linke Schulter mit dem Kreuz verbinden, verbessern das Vorbeugen der Marionette. Bewegt man das Kreuz gering nach vorn, nickt sie mit dem Kopf. Das Standardkreuz ermöglicht, Kopf, Rumpf, Arme und Beine der Marionette sogar gleichzeitig mit einfachen Handbewegungen zu führen.

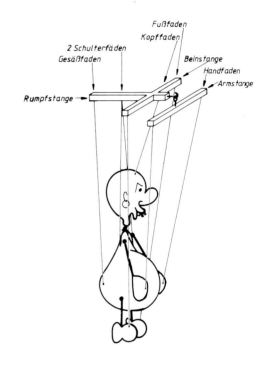

15 Standardspielkreuz

Für Vögel und andere Tiere mit Flügeln wird die Armstange durch eine an einem Gummiband aufgehängte Flügelstange ersetzt.

Marionetten mit Standardkreuz erfordern mehr Geduld und Übung beim Bau und Spiel als Marionetten mit Grundkreuz (für Kinder ab etwa 9 Jahren geeignet).

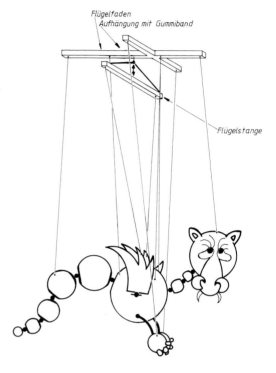

16 Bewegung der Flügel

17 Konzentriert beim Marionettenbau

Die Größe des Spielkreuzes

Die Marionette bewegt sich besonders gut, wenn bei der Anfertigung des Spielkreuzes folgendes berücksichtigt wird: Damit sie z.B. ihre Beine weit hochheben kann, muß die Beinstange auf jeder Seite ungefähr so lang wie das Bein sein.

Ähnliche Überlegungen für die anderen Gliedmaßen führen zu Größenverhältnissen zwischen Spielkreuz und Marionette in der Tabelle:

Teil des Spielkreuzes	Länge im Verhältnis zu den Maßen der Marionette
Rumpfstange	eineinhalbmal Länge vom Gesäß bis zur Kopfdecke
Abstand: Gesäßfaden–Kopffaden	einmal Länge Gesäß bis zur Kopfdecke
Beinstange	zweimal Länge des Beines
Armstange (Flügelstange)	zweimal Länge des Armes (Flügels)

Der Schulterfaden wird in der Mitte zwischen Gesäß- und Kopffaden angebracht. Die Beinstange muß so an der Rumpfstange befestigt werden, daß sie die Füße nach vorn zieht.

Eine Verkleinerung des Kreuzes mildert die Bewegungen der Marionette, eine Vergrößerung verstärkt sie, erschwert aber das nahe Zusammenspiel mit anderen Figuren.

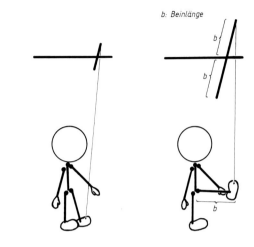

18 Beinstangenlänge und Beinbewegung

19 Ziz und Marsmännchen

Spielkreuze leicht gebaut

Spielkreuze lassen sich leicht aus dickem Spanndraht anfertigen. Dazu trennt man mit der Kneifzange zwei Drahtstücke mit folgenden Längen von der Rolle:

Teil 1 so lang wie zweimal Rumpfstangenlänge und zweimal Beinstangenlänge

Teil 2 eineinhalbmal Armstangenlänge.

Sie werden entsprechend Abb. 20 gebogen.

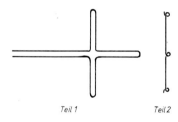

20 Aus Spanndraht werden Spielkreuz (Teil 1) und Armstange (Teil 2) vorgebogen

Mit einem Hammerstiel oder ähnlichem wird Teil 1 verdrillt.

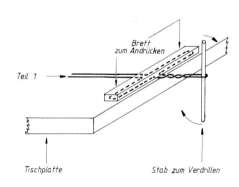

21 Verdrillen des Spielkreuzes

Mit einer Zange wird das vordere Ende der Rumpfstange zu einem Haken gebogen, so daß die Armstange eingehängt werden kann (geeignet für Kinder ab etwa 9 Jahren).

22 Spielkreuz aus Spanndraht

Schneller zur Hand - aber nicht so haltbar - ist Pappe (z.B. Wellpappe oder Pappe von Zeichenblöcken). Es werden drei Teile (Abb. 23) ausgeschnitten und an den gestrichelten Linien gefaltet.

Die Beinstange wird durch die Öffnung der Rumpfstange geschoben und die Armstange mit einem Band eingehängt.

Die Spielfäden werden mit einer starken Nadel durch das Kreuz gezogen und verknotet (geeignet für Kinder ab etwa 9 Jahren).

Für erweiterungsfähige Spielkreuze eignet sich besonders Holz (Vierkantholz). Rumpf und Armstange werden durchbohrt und z.B. mit Gewindeschraube, Unterlegscheibe und Flügelmutter zusammengeschraubt. In die Rumpfstange wird ein Haken und in die Armstange eine Öse eingedreht (geeignet für Kinder ab etwa 12 Jahren).

------- Faltstellen

23 Schnittmuster für ein Spielkreuz aus Pappe

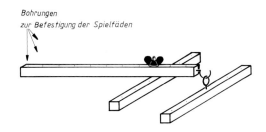

25 Spielkreuz aus Holz

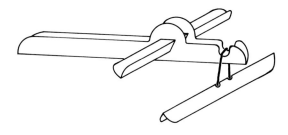

24 Spielkreuz aus Pappe

Die Aufhängung der Marionette

Die Länge der Spielfäden richtet sich nach der Größe des Spielers. Sie werden so lang gewählt, daß die Marionette mit leicht angewinkeltem Arm bequem spielbar ist. Man verwendet Perlonfäden (z.B. 0,3 mm extra starke Angelschnur) oder festen Schusterzwirn. Dieser kann je nach Schwere der Puppe 18, dreifach und stärker sein. Die Farbe der Fäden, vorzugsweise schwarz, soll diese vor dem Hintergrund fast unsichtbar werden lassen.

Die Puppe wird am besten zu zweit an das Spielkreuz gehängt. Der eine hält sie und ihr Kreuz waagerecht darüber, der andere befestigt die Fäden so, daß sie straff liegen (zuerst die Schulterfäden). Arme und Beine hängen locker herunter. Der Körper kann entsprechend dem Ausdruck der Marionette (beispielsweise traurig-gebückte Haltung) aufgehängt werden.

Sie haben jetzt wichtige Grundlagen des Marionettenbaus kennengelernt, so daß Sie ohne weiteres mit den Bauanleitungen und dem Anfertigen einer eigenen Marionette beginnen könnten. Wenn Sie Teile der nächsten Abschnitte benötigen, wird an entsprechender Stelle darauf verwiesen. Lesen Sie jedoch gleich weiter! Sie werden überrascht sein, was Sie durch Verfeinerungen des Standardspielkreuzes noch alles erreichen.

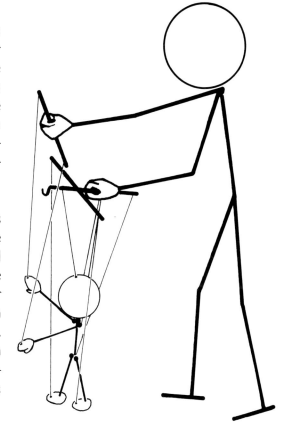

26 Führung einer Marionette mit Standardspielkreuz

Erweiterungen des Standardspielkreuzes

Die letzten Abschnitte haben gezeigt, daß sich eine Marionette mit Standardspielkreuz einfach und vielseitig führen läßt. Wie man diese Einfachheit beibehalten kann und trotzdem die Ausdrucksmöglichkeiten der Marionette erweitert, beschreibt dieses Kapitel (Spiel und Bau für Kinder ab etwa 14 Jahren geeignet).

Beinbewegung

Die Marionette läuft natürlicher, wenn sie beim Gehen ihre Knie beugt.
Dieses erreichen die Kniefäden (Abb. 28). Zwei weitere Hüftfäden (Abb. 28), mit der Beinstange in Kreuzschnürung (vgl. S. 18) verbunden, lassen das Becken wippen.

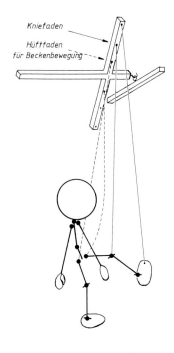

28 Beugen der Knie und Beckenbewegung

▷
27 Neally

Verbesserung des Verbeugens

Beobachten wir eine Marionette, wenn sie sich nach vorn beugt:
Das Spielkreuz zieht Gesäß- und Kopffaden nah zusammen, während diese Fäden durch die Marionette nach außen gedrückt werden. Dies behindert den Bewegungsablauf (Kopf schwenkt seitlich aus), ist aber leicht zu beheben.

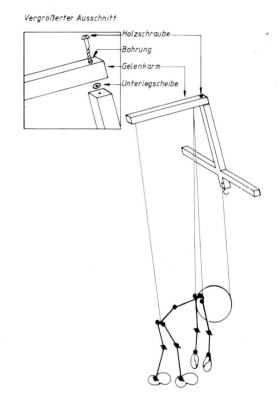

30 Spielkreuz mit Gelenkarm, Gesäß- und Kopffaden bleiben parallel

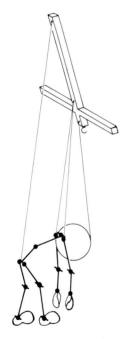

29 Beim Verbeugen zieht das Standardspielkreuz Gesäß- und Kopffaden nah zusammen

Die Rumpfstange wird kürzer gebaut (so lang wie der Abstand Gesäß bis Kopfdecke bei der Marionette). Verschrauben Sie an ihrem hinteren Ende locker einen gleichlangen Gelenkarm, der sich seitlich leicht schwenken läßt. Durch diese Änderung bleiben die Fäden beim Verbeugen parallel. Das Gelenk des Gelenkarmes ist notwendig, damit die Beinbewegung der Puppe nicht gestört wird: Bei seitlichem Kippen des Kreuzes (»Laufen«) bleibt er lotrecht hängen, die Marionette macht sonst bei jedem Schritt einen großen Schwung mit dem Gesäß.

Handbewegung

Durch Anbringen von zwei Handstäben (Abb. 31) an der Armstange lassen sich die Hände getrennt von den Armen auf- und abbewegen, indem die Armstange um die eigene Achse gedreht wird.

Durch die beschriebene Veränderung der Armstange lassen sich Arme und Hände ohne Schwierigkeit vielseitig führen. Das ist ein wichtiger Vorteil, da die Marionette Gefühle nicht über ihre Mimik, sondern allein über ihre Gestik ausdrückt. Diese Tatsache bewirkt, daß die Hände besonders wichtig werden. Nur die Gesten, die sich durch ein Drehen der Hand ausdrücken ließen, können noch nicht verwirklicht werden. Doch auch hier gibt es für anspruchsvolle Marionettenspieler Abhilfe.

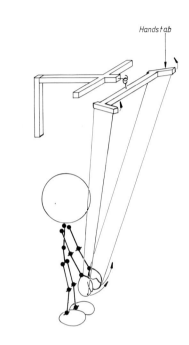

31 Armstange mit Handstäben

Unter den Handstäben werden mit Hutgummiband zwei dreieckige Handplättchen (Abb. 32) befestigt. Der vordere Gummifaden wird am Plättchen fest verknotet, der hintere läuft lose durch die beiden Löcher (1, 2, siehe Abb. 32). Dadurch bewegt sich jedes Plättchen mit den Handstäben mit, läßt sich aber auch unabhängig davon um sich selbst drehen. Diese Bewegung bewirkt ein seitliches Drehen der Marionettenhand, wenn man das Plättchen wie in Abb. 33 mit der Hand verbindet.

Der durchhängende Sicherungsfaden (Abb. 33), der an die Handwurzelfäden (Abb. 33) angeknotet und geklebt ist (durch seine Länge wird ihre Beweglichkeit nicht beeinträchtigt), verhindert, daß Finger und Fin-

32 Armstange mit Handstäben und Handplättchen

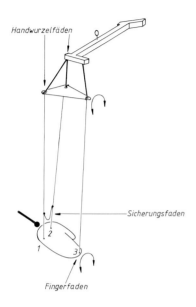

33 Seitliches Drehen der Marionettenhand

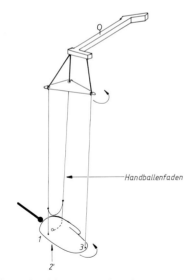

34 Öffnen der Marionettenhand

35 Eine bewegbare Hand

gerfaden (Abb. 33) beim Anheben der Hand durch die Handwurzelfäden durchrutschen, was die Spielbarkeit der Hand beeinflußt.

Sogar ein vollständiges Öffnen der Hand wird durch eine weitere Änderung möglich: Man braucht nur den inneren Handwurzelfaden statt bei Punkt 2 (Abb. 33) an der Unterseite der Hand in der Mitte des Handballens (Punkt 2', Abb. 34) anzubringen.

Durch Drehen des Handplättchens öffnet der Handballenfaden (Abb. 34) die Hand. Wie immer man das Handplättchen führt, die Hand folgt ihm. Wir können nun wahlweise mit der Armstange beide Hände gleichzeitig oder mit einem Handplättchen eine einzelne Hand spielen. (Zur Bewegung einzelner Finger befestigt man weitere Fingerfäden – für die obere Hälfte des Fadens Hutgummi verwenden – am Handplättchen).

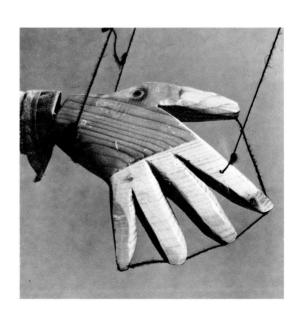

Kopfbewegung

Kopfbewegungen können viel bedeuten. Bis jetzt vermag die Marionette mit dem Kopf nur »ja« zu sagen (und andere »nickende« Gesten). Wir wollen ihr das »Nein« beibringen. Dazu wird der Kopffaden (S. 19) durch den Nasenfaden (Abb. 36) ersetzt. Ein Hinterkopffaden (Abb. 36) wird kurz vor den Schulterfäden an der Rumpfstange befestigt. Dreht man das Spielkreuz um den Gelenkarm als Achse, dreht sich der Kopf der Marionette mit.

Ihr Körper steht mit beiden Füßen auf dem Fußboden und wird weder durch Schulterfäden noch den Gesäßfaden bewegt. Der Kopf kann sich zusätzlich wiegen, wenn man ein Kopfplättchen, ähnlich den Handplättchen (S. 29), verwendet.

Durch Kopfplättchen und Gummibandaufhängung läßt sich jede natürliche Bewegung des Kopfes unabhängig vom Restkreuz spielen. Bei Tiermarionetten ist es oft sinnvoll, das Kopfplättchen vor der Rumpfstange anzubringen (vgl. Abb. 38).

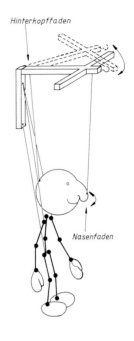

36 Seitliches Drehen des Marionettenkopfes

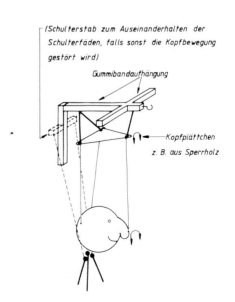

37 Wiegen des Marionettenkopfes mit Hilfe des Kopfplättchens

Bewegung von Mund und Augen

Soll sich Mund oder Schnabel öffnen können, muß auf das beschriebene Wiegen des Kopfes (vgl. S. 31) verzichtet werden. Dreht man das dreieckige Kopfplättchen um seine Längsachse, klappt der Schnabel auf und zu.

Sollten Sie einmal einer Marionette die »Augen verdrehen« wollen – die beiden nächsten Zeichnungen zeigen, wie es gemacht wird.

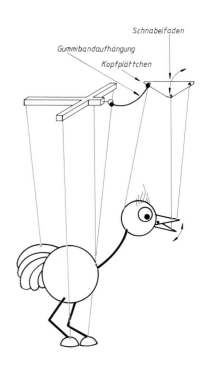

38 Bewegung des Schnabels

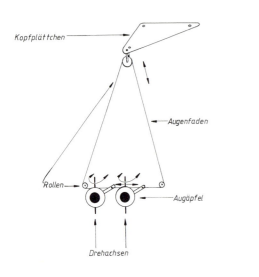

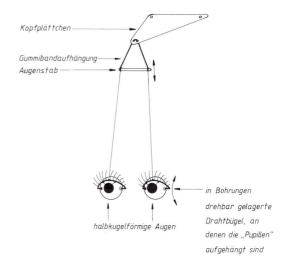

40 Nach oben und unten blicken

▷

39 Zur Seite blicken

41 Marionettenkopf mit beweglichen Augen

Marionettenkopplung

Sollen sich mehrere Marionetten gleichzeitig bewegen, kann man sie an einem Kreuzsystem zusammenkoppeln.

42 Marionettenkopplung

Spielkreuze anderer Bauart

In Schaufenstern, bei Freunden oder Marionettenspielern haben Sie sicher schon viele Puppen mit Spielkreuzen anderer Bauarten, als den hier beschriebenen, gesehen, so daß die Frage naheliegt: Welches ist eigentlich das angemessenste Spielkreuz für eine bestimmte Figur? Die Beantwortung dieser Frage setzt entsprechende Grundüberlegungen voraus, wodurch sich die von einigen behauptete »geheimnisvolle Atmosphäre« um Spielkreuze in Wissen verwandelt. Lassen Sie uns diese Überlegungen gemeinsam anstellen.

Zunächst wird festgelegt, welche charakteristischen Bewegungen die Marionette entsprechend ihrer Rolle auszuführen hat (vgl. S. 106). Diese sollen sich dann mit dem Führungskreuz möglichst einfach erzeugen lassen. Das bedeutet:

Die Hand, die das Kreuz hält, kann es nur um drei voneinander unabhängige Raumachsen (drei Freiheitsgrade der Rotation) drehen. Im günstigsten Fall ist jeder dieser Bewegungen eine Grundbewegung der Marionette (Laufen, Verbeugen, Kopf drehen usw.) zugeordnet, so daß sich diese Bewegungen unabhängig voneinander – aber auch gleichzeitig spielen lassen. Beim erweiterten Standardkreuz z. B. (vgl. Abb. 4, S. 14) erreichen wir das Laufen durch Drehen um die Rumpfstange (siehe S. 18), das Verbeugen durch Vorkippen des Kreuzes (siehe S. 28) und das Wenden des Kopfes durch Drehen um den Gelenkarm als Achse (siehe S. 31).

Für zusätzliche Aktionen der Puppe bleiben einzelne Finger oder die zweite Hand frei.

Sollen hier wieder mehrere Bewegungen parallel ausgeführt werden, so hilft es, sie zu Funktionsgruppen zusammenzufassen, um nicht gleichzeitig zwei oder drei Fäden ziehen zu müssen (z. B. Handplättchen S. 29, Kopfplättchen S. 31, Armstange mit Handstäben S. 29). Auch die Funktionsgruppen unterliegen dem Prinzip der Ausnutzung der Freiheitsgrade. Das Spielkreuz soll immer nur auf diejenigen Fäden wirken, die bewegt werden sollen.

Das Spielen erleichtert ferner:
– wenn die Marionette schon auf geringe Bewegungen des Spielkreuzes reagiert
– wenn das Kreuz leicht ist
– ein kleines Kreuz, wenn ein Zusammenspiel mehrerer Marionetten gewünscht ist
– eine schräg gestellte Rumpfstange (»schräges Spielkreuz«, angepaßt an die Anatomie des Handgelenkes, anspruchsvoll).

Das angemessenste Spielkreuz ist damit dasjenige Kreuz, welches die charakteristischen Bewegungen der Marionette erzeugt und dabei möglichst viele der genannten Bedingungen erfüllt.

Alle Bedingungen bis auf die letzte werden im wesentlichen von den bisher beschriebenen »waagrechten Spielkreuzen« eingehalten (Kopf-, Arm- und Handbewegungen, Laufen und Verbeugen lassen sich damit gleich gut spielen. Vgl. charakteristische Bewegungen).

Ein hochentwickeltes schräges Spielkreuz ist das von Fritz Herbert Bross aus dem senkrechten, tschechischen abgeleitete (Abb. 43). Es liegt besonders gut in der Hand und betont die Kopfbewegung. Kippt man es nach vorn, beugt sich der Kopf, neigt man es seitlich, dreht und neigt er sich gleichzeitig. Die Beinstange wird durch Daumen und Zeigefinger bewegt. Zum Verbeugen muß der Gesäßfaden gezogen werden. Das Bross-Kreuz ist gut für das Zusammenspiel mehrerer Marionetten geeignet, denn es nimmt wenig Raum ein.

Ein schräges Führungskreuz, das aus dem waagrechten entwickelt ist, dessen sämtliche Funktionsprinzipien beibehält und zusätzliche Vorteile aufweist, zeigt Abbildung 44. Ihm liegt der Gedanke zugrunde, daß ein Abwinkeln der Beinstange des Standardkreuzes auf beiden Seiten um 30 Grad erreicht, daß die Beine schon bei einer Drehung des Kreuzes um 60 Grad auf halbe Beinstangenlänge gehoben werden (vorher bei 90 Grad). Der quer ermittelte Durchmesser des Kreuzes nimmt um mehr als ein Achtel ab. Das neue Kreuz ist so um die Befestigungspunkte der Fäden des Standardkreuzes mit abgewinkelter Beinstange und Gelenkarm (S. 28) herumgebaut, daß deren räumliche Anordnung und die Funktion des Kreuzes erhalten bleibt, es sich aber schräg greifen läßt.

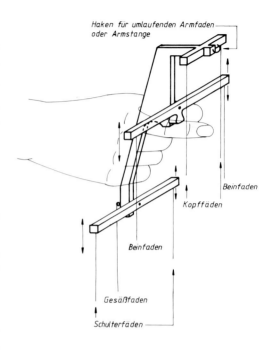

43 Das Bross-Kreuz

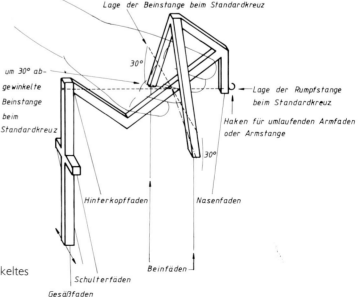

44 Ein aus dem Standardkreuz entwickeltes schräges Spielkreuz

Abschließend ein Spielkreuz, das sich aus der Kopfstocktechnik entwickelt hat.

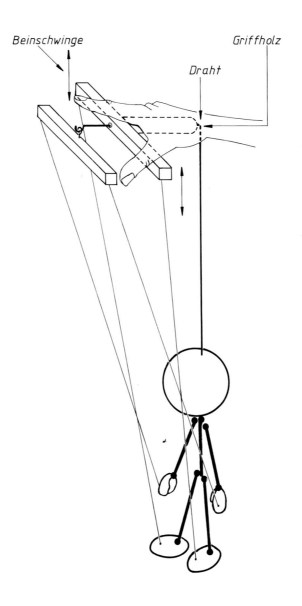

45 Marionette am Draht

Marionetten selber bauen und spielen

Einführung

Die Bau- und Spielanleitungen sind so verfaßt, daß Sie an keine Reihenfolge gebunden sind. Wenn Sie sich nach der vorgegebenen richten, werden Sie schrittweise eingeführt.

Zunächst finden Sie ansprechende Marionetten, die schnell und leicht nachzubauen sind. Dann werden anspruchsvollere Bautechniken und Spielkreuze verwandt. Möchten Sie Marionetten selbst entwerfen, erhalten Sie im Kapitel *Entwerfen von Marionetten* viele Anregungen und Hilfen bei der Auswahl des Materials. Lassen Sie sich zum Marionettenspiel durch die Spielideen am Ende der Bauanleitungen oder das entsprechende Kapitel (S. 114) inspirieren!

Es dürfte zweckmäßig sein, vor dem Spielen mit der Marionette diese allgemeinen Überlegungen zu lesen, da sie einen Weg zeigen, sich in das Puppenspiel einzufinden und einzufühlen. Die Spielanregungen im Anschluß an die Bauanleitungen sind konkreter gefaßt und müssen eventuell auf Ihre persönliche Situation zugeschnitten werden. Die exemplarische Auswahl soll Möglichkeit und Richtung aufzeigen, eigene Phantasie und Kreativität einzusetzen. Beim Erfinden von Spielideen hilft es, sich bewußt zu machen, wer spielt (Erwachsener, Kind), wem vorgespielt wird und welchen Zweck das Spiel haben soll (Unterhaltung, Konfliktverarbeitung usw.).

Die Spielvorschläge sind offen, abwandelbar und sollen durch eigene Gedanken vervollständigt werden. Sie sind so angelegt, daß Sie Szenen, Szenenfolgen und kleine Stücke allmählich selbst entwickeln. Häufig treten die Marionetten mit den Zuschauern in Kontakt. Unser Vorgehen basiert auf Improvisation und Stegreifspiel und nicht auf Nachspielen literarischer Vorlagen. Dazu eignet sich zu Anfang besonders gut das Spielen auf einem Tisch oder zu ebener Erde, wobei effektvolle Beleuchtung die Wirkung erhöht (siehe auch Bühnenformen S. 118).

Wir wünschen viel Spaß und Erfolg beim Bauen und Spielen.

Bau- und Spielanleitungen

Kopfstock-Marionetten

Zwerg Nasegrimm

Material und Werkzeug: ein Paar Socken, Filz, Wollreste, zwei Knöpfe für Augen, Füllmaterial, ein dünner Bambusstab, Zwirn, Nähzeug (vgl. S. 98).

Kopf und Körper: Die erste Socke wenden, von links nach Abb. 46 abnähen und auseinanderschneiden. Aus der Spitze entsteht die große Nase. Mittelteil und Hacken bilden den Kopf, dann folgt der Bauch, der durch die runde Naht abgeschlossen wird. Das Bündchen etwa 1 cm unterhalb der Naht rund abschneiden.

Nach erneutem Wenden beider Teile füllen Sie zuerst den dicken Bauch prall mit Füllmaterial. Der Hals wird mit Zwirn abgebunden. Den Bambusstab bis zum Hals in den Kopf stecken, den Kopf um den Stab herum füllen (Abb. 47).

Bestreichen Sie den Stab an der Stelle, wo er aus dem Kopf heraustritt, rundherum mit Klebstoff, und binden Sie die Socke mit Zwirn an ihm fest (siehe Abb. 48). Füllen Sie nun die Nase, schlagen ihren unsauberen Rand nach innen ein und nähen sie zu. Befestigen Sie sie am Kopf nur an der Nasenwurzel mit Zwirn, damit sie für das Spiel beweglich bleibt.

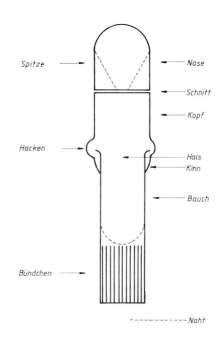

46 Aus einer Socke entstehen Nase, Kopf und Körper des Zwerges

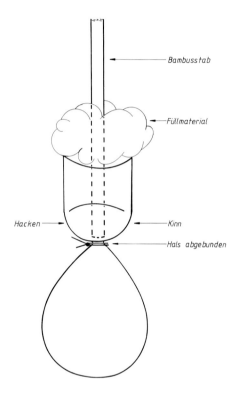

47 Einsetzen des Führungsstabes in den Kopf

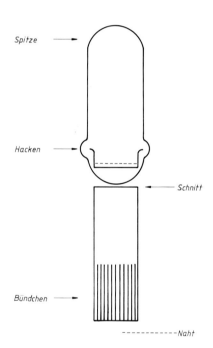

49 Vorbereitung von Armen und Beinen

48 Befestigung der Nase

Arme und Beine: Die zweite Socke wenden und von links nach Abb. 49 hinter dem Hacken zunähen (nicht am Hacken festnähen), 1 cm hinter der Naht abschneiden.

Die Spitze entfernen. Wie in Abb. 50 dargestellt: Arme und Beine nähen sowie auseinanderschneiden. Bei den Armen überstehendes Gewebe hinter der Naht abtrennen.

Arme und Beine wenden, Hände und Füße mit Füllmaterial füllen (z.B. mit dem Bambusstab nachhelfen) und sie an den Gelenken abnähen. Die unsauberen Kanten nach innen schlagen und zunähen.

Anschließend die Gliedmaßen fest an den Körper nähen. Arme und Beine werden nicht weiter ausgefüllt, das macht sie beweglicher.

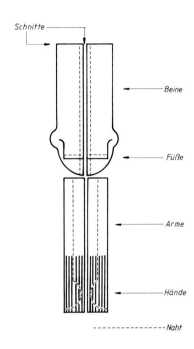

50 Arme und Beine werden genäht und zugeschnitten

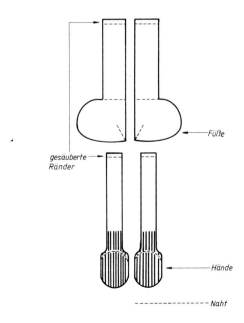

51 Fertigstellung von Armen und Beinen

Kleidung und Dekoration: Schneiden Sie aus dem Filz nach Abb. 52 Umhang und Mütze.

Nähen Sie die Mütze nach Abb. 53 zusammen.

Nach dem Wenden der Mütze näht man sie so auf den Kopf, daß der Führungsstab aus der dafür vorgesehenen Öffnung ragt. Der Umhang wird so an den Schultern befestigt, daß ein Teil von ihm als Stehkragen über sie hinausragt (Abb. 54).

Als Augen dienen zwei Knöpfe. Nach dem Befestigen des ersten Auges in Höhe der Nasenwurzel stechen Sie die Nadel durch den Kopf zum zweiten Auge und ziehen den Faden fest an, während Sie den zweiten Knopf annähen. So entstehen zwei Augenhöhlen.

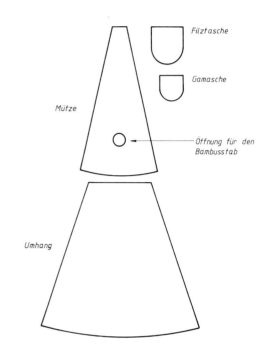

52 Schnittmuster für die Bekleidung des Zwerges

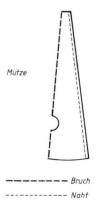

53 Zusammennähen der Mütze

54 Befestigung von Umhang und Mütze am Zwerg

Für Augenbrauen, Bart und Quaste an der Zipfelmütze werden Wollreste um die Hand gewickelt, von der Hand genommen, abgebunden und aufgeschnitten. Für den vollen Schnauzbart reichlich Wolle verwenden (Abb. 55).

Abschließend die Teile auf dem Gesicht festnähen. Filztaschen und Filzgamaschen (nach Abb. 52 zuschneiden und aufnähen) runden die Kleidung ab.

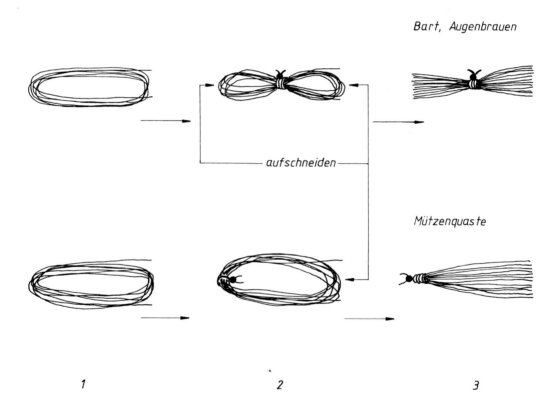

55 Aus um die Hand gewickelten Wollresten (1) entstehen durch Abbinden und Aufschneiden (2) Bart, Augenbrauen und Mützenquaste (3)

▷
56 Zwerg Nasegrimm

Spielanleitung: Vorübung 1: Stellen Sie sich vor einen Spiegel und verstellen Sie Ihre Stimme mehrfach. Probieren Sie ungewohnte Mundhaltungen, Tonlagen, Dialekte, Lispeln, Näseln usw.

Vorübung für Kinder: Stimmen von Tieren, von Bekannten usw. vor Freunden nachmachen und raten lassen.

Setzen Sie die Marionette vor einen Spiegel und bewegen Sie sie. Lernen Sie dabei die Wirkung der Bewegungen kennen. Durch seitliches Schlenkern kann die Puppe einen Fuß vor den anderen setzen.

Unsere Marionette hat den Namen Nasegrimm erhalten. Nasegrimm ist neugierig, näselt und fragt jeden, den er sieht, aus. Die anderen fühlen sich oft belästigt und sagen ihm nicht immer die Wahrheit. Da er durch Zauberei aber fast jede Lüge riecht und dann dreimal kräftig niesen muß, schaut er mittlerweile ganz griesgrämig drein.

Nasegrimm sucht sich einen Zuschauer aus, eilt zu ihm und beginnt, diesen auszufragen ...

Fee Augenstern

Material und Werkzeug: ein Kniestrumpf, etwa 0,5 m Futterstoff, Woll- und Filzreste, Füllmaterial, goldene Metallfolie oder dünnes Kupferblech, Draht, mehrfarbige Pailletten, ein dünner Bambusstab, Zwirn, Nähzeug (vgl. S. 98).

Kopf und Arme: Den Kniestrumpf wenden und von links nach Abb. 57 unterhalb des Hackens Kopf und Arme abnähen und zuschneiden.

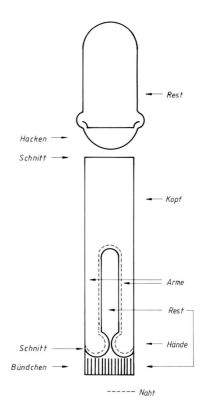

57 Aus einem Kniestrumpf entstehen Kopf und Arme der Fee

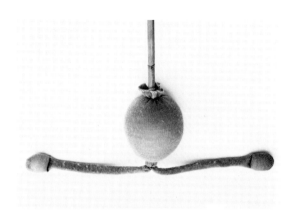

58 Kopf und Arme der Fee

Wieder wenden, die Hände mit Füllmaterial füllen (z.B. mit dem Bambusstab stopfen) und am Halsgelenk abnähen. Den Hals mit Zwirn abbinden und den Kopf wie beim Zwerg Nasegrimm um den Führungsstab füllen und schließen (S. 39). Die Arme werden, um sie beweglich zu halten, nicht weiter ausgestopft.

Kleid: Aus dem Futterstoff zwei Teile nach Abb. 59 zuschneiden, am oberen Rand umnähen und die Teile zusammennähen. Für den Hals eine Öffnung lassen.

Das Kleid wenden und die unsauberen Teile säumen. Den unteren Rocksaum 2 cm offenlassen, einen ringförmig gebogenen Draht einziehen, die Drahtenden verdrillen, und den Saum schließen. Der Draht gibt dem Kleid die angemessene Weite. Schieben Sie die Hände durch die Halsöffnung und nähen Sie das Kleid rund um den Hals und an den Handgelenken fest (Abb. 60).

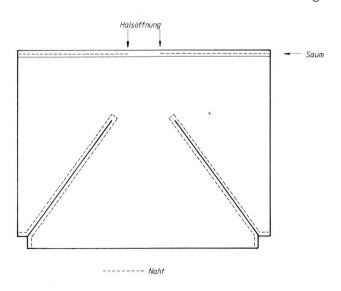

59 Für das Kleid werden zwei gleiche Stoffteile zusammengenäht

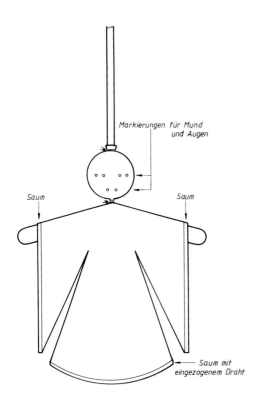

Gesicht: Mund und Augen durch Stecknadeln markieren (Abb. 60). Am Hinterkopf einen festen Zwirnsfaden vernähen, und mit der Nadel von dort bis zur äußersten Stecknadel eines Auges durchstechen (Abb. 61).

Bei der inneren Stecknadel wieder einstechen, den Faden für die Augenhöhle fest anziehen und am Hinterkopf vernähen. Arbeiten Sie ebenso die zweite Augenhöhle und den Mund (Abb. 62).

Für die Haare Wolle zwischen Daumen und Ellenbogen wickeln und wie in Abb. 55 (S. 44, Augenbrauen) abbinden. Nähen Sie die Haare am Scheitel fest. Nun werden sie um den Kopf drapiert und an mehreren Stellen befestigt.

60 Nach dem Anziehen des Kleides werden Mund und Augen markiert.

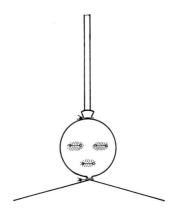

62 Abnähen von Augenhöhlen und Mundpartie

▷
61 Modellieren der linken Augenhöhle

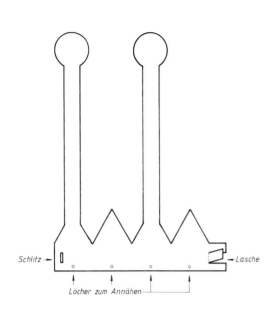

Dekoration: Schneiden Sie aus der Metallfolie die Feenkrone nach Abb. 63 zu. Die Löcher am unteren Rand, durch die die Krone um den Führungsstab am Puppenkopf festgenäht wird, mit einem Milchbüchsendorn durchstechen. Die Krone zu einem Ring formen, die aufgebogene Lasche auf der rechten Seite durch den linken Schlitz ziehen und umbiegen. Die fertige Krone am Kopf annähen (siehe Abb. 65).

Bekleben Sie Kleid und Augenhöhlen mit Pailletten, schneiden Sie aus Filz zwei »Nasenlöcher« sowie den Mund zu und befestigen Sie die Teile ebenfalls. Aus der Metallfolie zwei Sterne ausschneiden und über die Pailletten in den Augenhöhlen kleben. Auch den Feenstab aus der Folie arbeiten und mit einem Faden locker an der linken Hand anbringen.

63 Schnittmuster für die Feenkrone

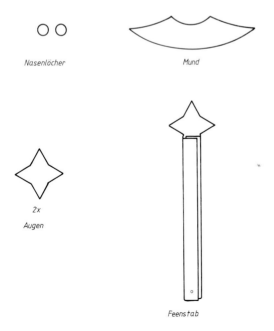

64 Vorlage zur Anfertigung von Augen, Mund, Nase und Feenstab

▷

65 Augenstern

Die Spitze des Feenstabes und die rechte Hand mit einem Spielfaden verbinden (siehe Abb. 8, S. 16). Er läuft am oberen Ende des Führungsstabes über einen Drahthaken, der im Bambusrohr festgeklemmt wird. Der Faden kann zum Spielen ausgehängt werden.

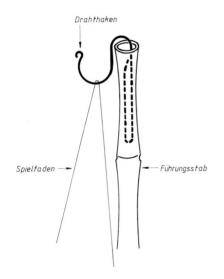

66 Befestigung des Drahthakens im Führungsstab aus Bambus

Spielanleitung: Vorübung 2: Stellen Sie pantomimisch eine Person mit fröhlichem, sanftem und ruhigem Wesen dar, die ein Kind tröstet.

Nachdem Sie die Puppe vor dem Spiegel bewegt und kennengelernt haben, können Sie sich ein kleines Spiel mit ihr ausdenken. Die hier abgebildete Fee Augenstern kann Wünsche erfüllen, solange ihr Gegenüber die Augen geschlossen hält.

Der kleine Zuschauer Tobias will für einen Tag unsichtbar sein. Fee Augenstern hebt ihren Stab und spricht mit heller Stimme: »Schließe deine Augen zu und lausche mir in Ruh. – Du bist im Kindergarten. Die Kindergärtnerin kommt herein, sagt euch : ›Guten Morgen‹ und fragt: ›Sind alle da?‹ Alle um dich herum rufen: ›Nein, Tobias nicht!‹ Du sagst: ›Hier bin ich doch.‹ Aber keiner bemerkt dich ...«

▷
67 Die Pappteile für das Marsmännchen

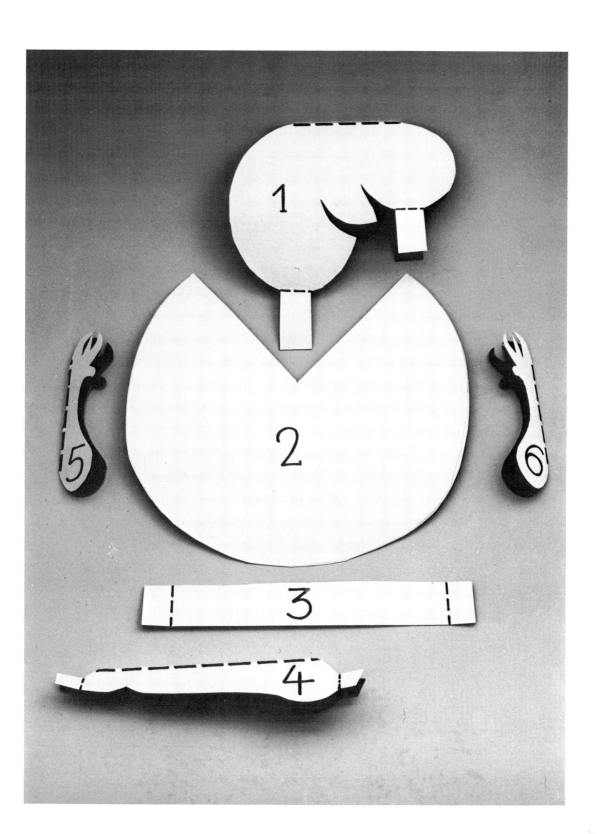

Grundkreuz-Marionetten

Marsmännchen

Material und Werkzeug: bunte Pappe, Filzreste (Lederreste), fünf Holzperlen, Draht, Zwirn, Kleber, Filzstifte, Nähzeug, Spanndraht oder Pappe für das Spielkreuz (vgl. S. 98).

Zuschnitt: Aus der Pappe das Männchen nach Abb. 67 zuschneiden, wobei Sie für die Teile 1, 4, 5, 6 die Pappe erst falten (die gestrichelten Linien sind die Faltstellen) und doppelt ausschneiden.

Körper: Formen Sie aus Teil 2 einen Kegelmantel und kleben Sie ihn an der Überlappung zusammen. Teil 3 längs der gestrichelten Linien falten und in Teil 2 an den gefalteten Streifen senkrecht zur späteren Schrittrichtung einkleben. Unter Teil 3 einen in der Mitte eingeschnittenen (Filz-) Lederstreifen als Fußgelenk kleben (Abb. 68).

Nun wird der Kegelmantel wieder umgedreht und mit Hals- und Armgelenken (Filz- oder Lederstreifen) versehen (Abb. 69).

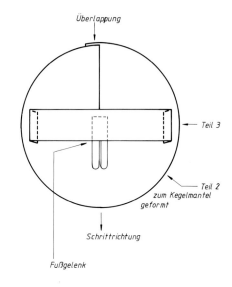

68 Blick unter den Kegelmantel

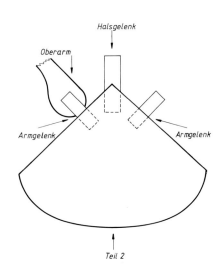

69 Halsgelenk und Armgelenke werden auf den Kegelmantel geklebt

Glieder: Die beiden Seiten der Armpappen (siehe Abb. 67, Teile 5,6) aufeinanderkleben und an den Armgelenken mit Klebstoff befestigen (Abb. 69).

Den Fuß wie ein Dach falten, die Laschen (siehe Abb. 67, Teil 4) einschlagen und aufeinanderkleben. Den Fuß in das Fußgelenk einkleben.

Kopf: Die Laschen an Hals und Nase werden eingeschlagen und aufeinandergeklebt, so daß die Kopfseiten auseinandergehalten werden. Befestigen Sie das Handgelenk mit Klebstoff in der Mitte der zusammengeklebten Halslaschen.

Dekoration: Für die »Antennenohren« zwei Perlen auf zwei Drähten anbringen. Auf jeder Kopfseite mit einer Nadel ein Loch in Ohrhöhe und ein Loch in die Halslaschen stechen. Durch diese werden jeweils die Drähte gezogen und an den Halslaschen verdreht.

Für die Augen werden zwei Filzstückchen (siehe Abb. 72) ausgeschnitten und zusammen mit je einer Perle auf das Gesicht geklebt. Ein Nagezahn (Pappe mit Filz umkleben, im Mund befestigen), eine »Bauchnabelperle« sowie die Bemalung runden die Figur ab.

70 Blick unter den Fuß

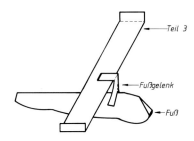

71 Befestigung des Fußes an Teil 3

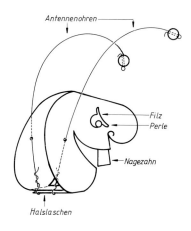

72 Dekoration des Kopfes

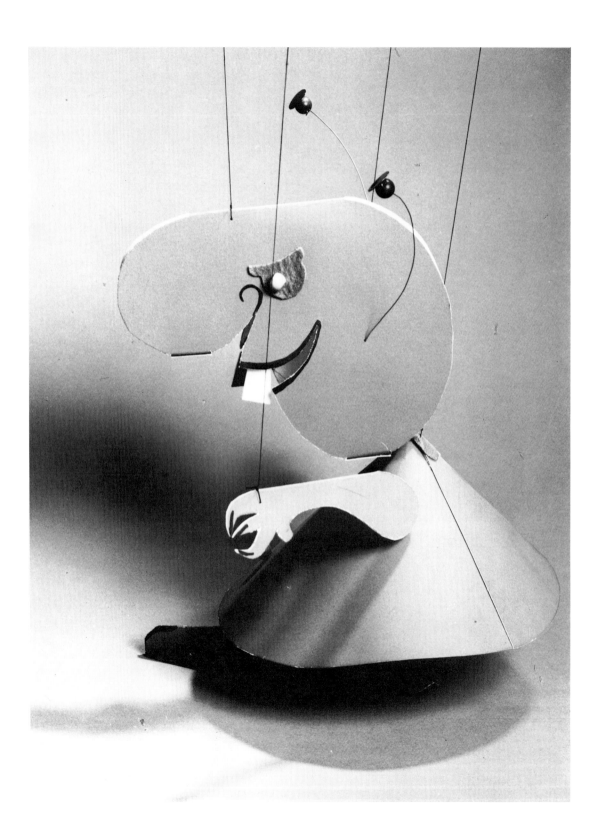

Spielkreuz: Als Spielkreuz eignen sich die Kreuze S. 23, 24, oder ein besonders einfaches aus Spanndraht bietet sich an (Aufhängung siehe Abb. 10, S. 17).

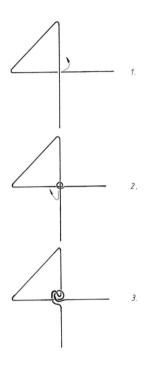

74 Biegen des Spielkreuzes: 1. Drahtstück zurechtbiegen, 2., 3. Schenkel verdrillen

Spielanleitung: Vorübung 3: Mimen Sie die Verwunderung und das Staunen einer Person, die an einem wunderschönen, sonnigen Nachmittag eine Straße entlangschlendert und plötzlich Menschen mit grimmigen Gesichtern und nassen, aufgespannten Regenschirmen entgegenkommen sieht.

Vorübung für Kinder: Ein Kind geht wie jeden Morgen in die Schule, doch als es ankommt, ist diese wie ausgestorben.

Machen Sie sich mit den Bewegungsmöglichkeiten der Figur vertraut, achten Sie besonders auf den Ausdruck der Arme. Überlegen Sie sich dabei, wie Ihre Marionette heißen könnte.

Zu dem grünen Marsmännchen, das so freudig und mit heller, klarer Stimme durch die Welt hüpft, ist uns folgende Spielidee eingefallen, die sich gut zum Nachspielen in gemischten Kindergruppen oder bei Geschwisterpaaren eignet.

Das Marsmännchen hat zum ersten Mal einen Ausflug von seinem Stern zur Erde gestartet und stellt mit Erstaunen fest, daß nicht alle Menschen gleich sind wie die Marsmännchen gleich sind. Die Menschen sehen verschieden aus, und dann gibt es unter ihnen auch noch Jungen und Mädchen. Seine anhaltende Verwunderung mischt sich mit dem Interesse herauszufinden, wie »das« als Junge und als Mädchen so ist …

◁
73 Marsmännchen

Weitere Anregungen zum Puppenbau aus Pappe. (Als Gelenke eignen sich besonders die in Abb. 137, 142, 143, S. 126, 128 dargestellten.)

Flamingo

Material und Werkzeug: verschiedenfarbiger Filz, Seidenkordel, Holzperlen, Pailletten, goldene Metallfolie (dünnes Kupferblech), ein großes Holzei, eine Holzkugel, Zwirn, Klebstoff, eine kleine Öse, Nähzeug, Milchdosendorn, Spanndraht oder Pappe für das Spielkreuz (vgl. S. 100).

Stelzbeine: Für die Stelzbeine vier Perlen an Fuß- und Kniegelenken und eine Öse auf die Seidenkordel ziehen und mit Klebstoff sichern. An die unteren Perlen je drei kurze Kordelstücke als Zehen ankleben.

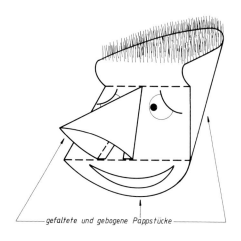

75 Ein Marionettenkopf aus Pappe

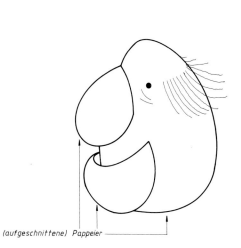

76 Ein Marionettenkopf aus Pappeiern verschiedener Größe

77 Die Stelzbeine des Flamingos

Kopf und Körper: Den Filz nach Abb. 78 (Teil 2, 5, 6) zuschneiden. Kleben Sie auf die gedachte Mittellinie des langen, geraden Teils (Hals) von Filzstück 2 ein paar kleine Holzperlen, die dem Hals die Rundung geben, und nähen Sie ihn um die Perlen herum zu einem Schlauch zusammen. Das Holzei (Teil 3, Rumpf) und die Kugel (Teil 4, Kopf) mit den Filzovalen von Teil 2 umkleben.

Die Teile 5 und 6 (Gefieder, siehe Abb. 78) werden Mitte auf Mitte ineinandergeklebt (siehe Abb. 79) sowie auf dem Vogelkörper befestigt. Der Schnabel (Teil 7) wird nach Abb. 80 aus der Metallfolie zugeschnitten, gefaltet und an den Überlappungen verklebt.

78 Die Teile des Flamingos

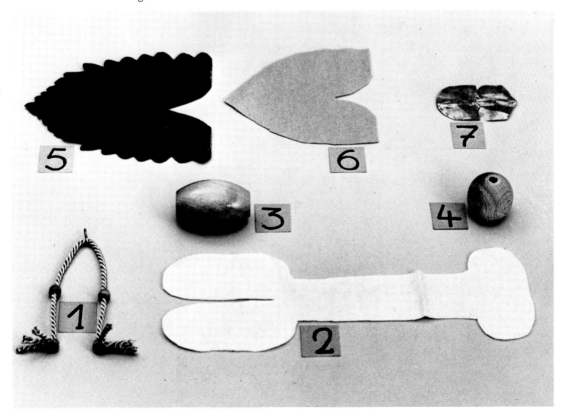

Bestreichen Sie die Kanten an der Kopfseite mit Klebstoff, um den Schnabel an der Holzkugel anzubringen (siehe Abb. 79).

Nun wird in den Bauch mit einem Dorn ein Loch vorgestochen und die Beinöse eingedreht. Auf jede Zehe eine Perle ziehen und mit Klebstoff sichern.

Dekoration: Dekorieren Sie die Figur mit Filz und Perlen (Pailletten) (Aufhängung und Spielkreuz vgl. S. 17).

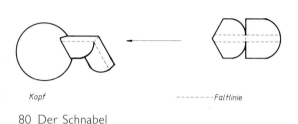

Kopf   --------Faltlinie

80 Der Schnabel

79 Fertigstellung des Flamingokörpers

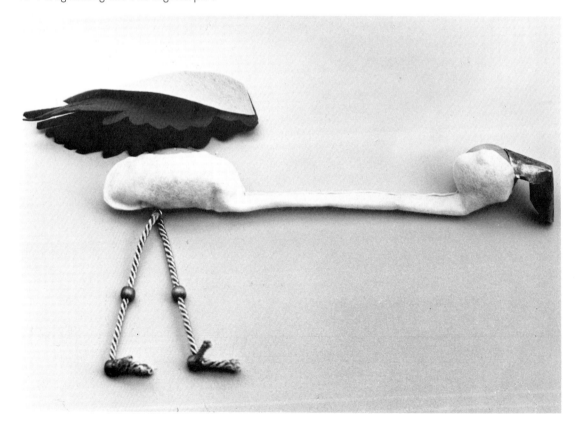

81 Flamingo

Asiatische Hofdame

Die asiatische Hofdame ist aus Tüchern, Strümpfen, Bast und Füllmaterial ähnlich den Puppen im Abschnitt Kopfstockmarionetten hergestellt (siehe S. 98). Sie läßt sich mit einem Grundkreuz spielen, das hier um ein Kopfplättchen (siehe S. 31) sowie um zwei Schulterfäden und einen Gesäßfaden erweitert ist (siehe S. 19).

▷
82 Asiatische Hofdame

Marionetten mit Standardkreuz und dessen Erweiterungen

Clown

Material und Werkzeug: ein rechteckiges Tuch (großes Taschentuch, Kopftuch), eine Holzkugel mit Bohrung, vier halbierte Holzeier mit Bohrung, Perlen, Woll-, Filz- und Stoffreste, Zwirn, eine kleine Sicherheitsnadel, Klebstoff, dicker Spanndraht für das Spielkreuz (siehe S. 23).

Kopf und Körper: Das Tuch nach Abb. 83 legen und mit einem langen Zwirnsfaden in der Mitte abbinden. Den Faden durch die Bohrung der Holzkugel ziehen. Den abgebundenen Stoffzipfel in die Bohrung stecken und mit dem Faden in der Kugel festzurren.

Die vier halbierten Holzeier mit zwei Zwirnsfäden nach Abb. 84 umknoten, mit Schlaufe versehen und die Fäden auf dem Holz mit Klebstoff gegen ein Verrutschen sichern. Die vier Tuchzipfel durch die Zwirnsschlaufen ziehen und verknoten.

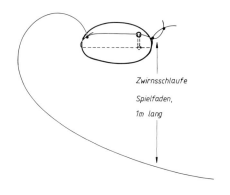

84 Vorbereitung von Händen und Füßen

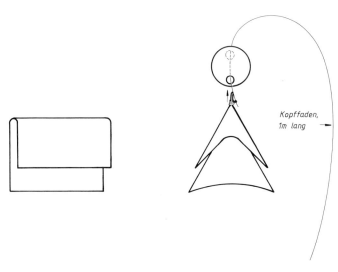

83 Befestigung des Kopfes

85 Clown

Fertigstellung: Verbinden Sie die Tuchsäume zwischen Armen und Beinen im Schritt mit einer Sicherheitsnadel und dekorieren Sie die Figur z.B. durch Bekleben mit Filz, Wolle, Stoff und Bemalen (Anfertigung des Spielkreuzes aus Spanndraht siehe S. 23, Aufhängung siehe S. 19, der Gesäßfaden wird an der Sicherheitsnadel befestigt).

Spielanleitung: An dieser Stelle möchten wir eine Szene vorstellen, die gemeinsam von den Marionetten Flamingo (siehe S. 61) und Clown gespielt werden kann.

Vorübung 4: Die Übung trägt den Titel »Manege frei«. Es sollen pantomimisch (Verkleidung möglich) hintereinander »Zirkuskünstler« (Dompteur, Seiltänzer, Jongleur, Clown usw.) auftreten, die die Zuschauer zu erraten haben.

Beim Einspielen mit den Puppen sollten verstärkt das Laufen, die Kopf- und Handbewegungen im Vordergrund stehen. Beim Clown ist es möglich, Hände und Füße gleichzeitig agieren zu lassen.

Die beiden Künstler Clown und Flamingo (Name?) treten gemeinsam im Zirkus Maximo auf. Der Clown bestimmt die Szenerie, indem er Körperbewegungen vornimmt, die der Flamingo nachmachen soll. Der Flamingo jedoch denkt in seiner stolzen, aber tapsigen Art gar nicht daran und weigert sich. Nur – wenn er hinter ihm steht – äfft er ihn überlegen nach. Der Clown beschwert sich weinerlich bei den Zuschauern, daß der Flamingo nicht gehorchen will …

Albert

Albert besteht aus zwei Holzkugeln, zwei ganzen und zwei halben Holzeiern. Kopf und Körper sind beweglich mit einem Lederstreifen verbunden. Die Kleidung ist ähnlich wie beim Flamingo aus Filz und Stoffresten hergestellt, Füße und Hände sind an Hosenbeinen und Ärmeln mit Fäden befestigt (vgl. S. 100).

Um die Ausdrucksfähigkeit des Kopfes zu verstärken, wählen wir ein Standardkreuz mit Kopfplättchen (siehe S. 31). Die Haare verfangen sich nicht in den Schulterfäden, da diese durch zwei in die Körperkugel eingeschlagene Nägel auseinander gehalten werden (Schulterbügel siehe S. 110).

▷
86 Albert

Drachen

Statt Holzkugeln und Holzeier zu kaufen, wie z. B. beim Flamingo (siehe S. 58), lassen sich Körperteile auch aus einem dicken Brett sägen. Das hat den Vorteil, die Form selbst bestimmen zu können (vgl. S. 100). Als Vorlage eignet sich u.a. der Drachen (siehe S. 20 Abb. 16).

Kind

Bambus ist ein ansprechendes und preiswertes Material (vgl. S. 100) für Marionetten. Durch Sägen mit einer Metallsäge, durch Bohren, Verleimen und Verbinden mit Draht entsteht der Körper. (Ellenbogen-, Hüft- und Kniegelenke siehe Abb. 149, S. 130; Schultergelenke siehe Abb. 140, S. 127; Handgelenke siehe Abb. 138, S. 126).

In Verbindung mit der Stofftechnik, die bei der Fee Augenstern verwandt wurde (siehe S. 98), ist das kleine Kind hergestellt.

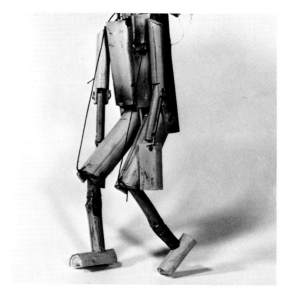

87 Ein Marionettenkörper aus Bambus

▷
88 Kind

Der dicke Soldat

Nach dem gleichen Prinzip, unter Verwendung von dünnem Kupferblech, Fell-, Stoff- und Lederresten sowie Lederschuhbändern, ist der dicke Soldat gebaut.

▷
89 Der dicke Soldat

90 Der Oberkörper des dicken Soldaten

Wang

Das Gesicht dieses chinesischen Bonzen ist aus dünnem Kupferblech geprägt (Technik siehe S. 104) und auf einen Stoffballen aufgesetzt. Als Haar dient Installationshanf. Der Körper unter der Kleidung besteht aus Bambus (siehe oben).

Ziz

Material und Werkzeug: Um effektvolle Marionetten zu bauen, braucht man nicht viel Geld auszugeben. Oft regen »wertlose« Materialien zu einer Idee an, wie hier der ausgediente farbige Seidenstrumpf, die Saftpappschachtel und die Toilettenrollen.

Zusätzlich werden benötigt: Filzreste, Metallfolie, Pailletten, Holzperlen, seidenmatte Lackfarbe, Gummilitze, Klebstoff, Nähzeug, Zwirn, Spanndraht für das Spielkreuz (vgl. S. 23).

Herstellung: Durch Zusammenkleben der Pappteile mit Filzstreifen und Falten der Saftschachtel in der Mitte der schmalen, langen Seite erhält man ein Gerüst, das durch Überziehen der Toilettenrollen mit dem Strumpf sowie durch Bemalen und Dekorieren mit Filz, Perlen, Metallfolie und Pailletten zur Schlange wird. (Um den Strumpf an der gewachsten Saftschachtel (Kopf) ankleben zu können, muß diese vorher an den Klebestellen mit einem Messer aufgerauht werden).

92 Teile der Schlange Ziz

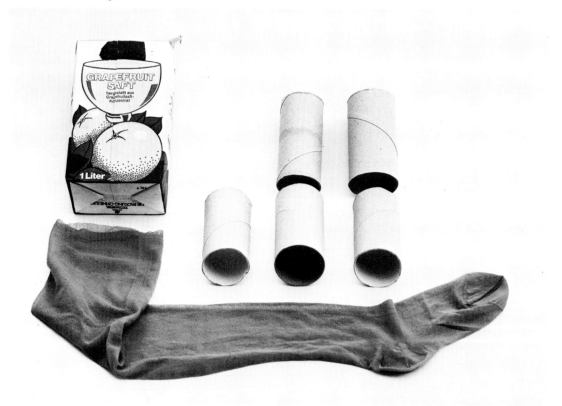

Das fertige Tier wird mit Rumpfstange und Kopfplättchen geführt.

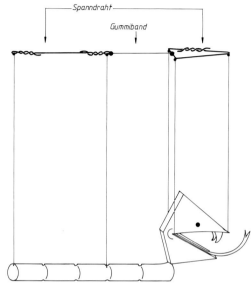

94 Führung der Schlange

93 Toilettenrollen und eine Saftschachtel bilden das Gerüst für den Schlangenkörper

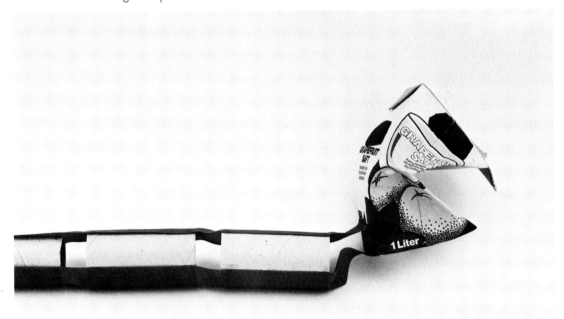

Spielanleitung: Vorübung 5: Versuchen Sie zunächst, durch Gestik, Mimik und Laute Gefühle, wie Ärger, Freude, Haß, Entsetzen, Gleichgültigkeit, Liebe usw. darzustellen, die von Mitspielern erraten werden können. Lassen Sie im weiteren Spielverlauf die Laute weg, und konzentrieren Sie sich auf den mimischen Ausdruck und Ihr eigenes Empfinden dabei.

Die Erscheinung der Schlange Ziz spiegelt ihren Charakter wider: Sie ist listig, durchtrieben und zischt jeden (Zuschauer), der ihr über den Weg läuft, an. Sie scheint stets schlecht gelaunt zu sein und gierig nach Streit. Ihr größter Kummer ist nur, daß ihr Körper für einige Zeit steif wird, wenn sie jemanden ärgert oder geärgert hat. Kann sie jemals aus diesem Leid herausfinden?

95 Schlange Ziz

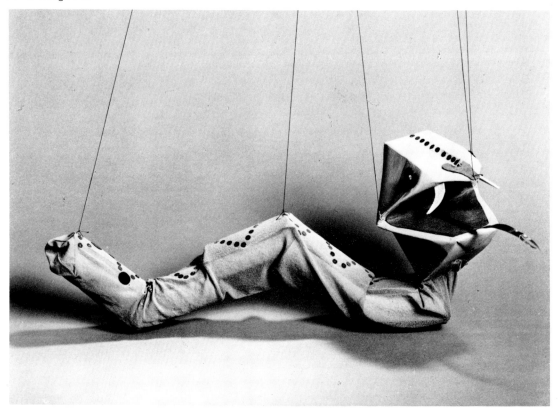

Vogel Strauß

Material und Werkzeug: Als Grundmaterial dient Wellpappe (vgl. S. 98), die Federn sind aus Installationshanf, die Wimpern aus Pfeifenstopfern.

Herstellung: Der Vogel Strauß ist ähnlich wie die Schlange Ziz hergestellt. Er hat im Unterleib eine Öffnung, durch die ein Styroporei herausrollen kann, wenn er sich hinsetzt (Aufhängung und beweglicher Schnabel siehe S. 32).

Marionetten aus Pappe, Pappeiern, Pappschachteln usw. kann man durch Überkleben mit Atlas-Ago dauerhaft, steinhart und bruchfest machen. Sie werden auf diese Weise genauso haltbar wie z.B. Holzmarionetten (vgl. S. 98).

96 Vogel Strauß

Harlekin

Material und Werkzeug: Fimo, fester Draht, Futterstoff, Wollreste, Zwirn, Vierkantholz (1,5 cm × 1,5 cm), 22 kleine Ösen, ein Haken, drei Holzschrauben, eine Gewindeschraube M3 35 mm lang mit Flügelmutter, Holzbohrer, Säge, Nähzeug, Klebstoff, Backofen.

Kopf, Hände, Füße, Körper: Fünf Drahtstücke abschneiden und in den Mitten zu Ösen, die später zu Hals-, Hand- und Fußgelenken werden, biegen. Um die Drahtenden herum Kopf, Hände und Füße aus Fimo formen und nach Anweisung im Backofen härten.

Aus dem Vierkantholz die Gliedmaßen aussägen, vorbohren und mit den gekauften Ösen versehen (siehe Abb. 99). Sie halten besonders fest, wenn man sie vor dem Eindrehen mit etwas Klebstoff bestreicht. Die Ösen aufbiegen und nach Zusammensetzen des Körpers wieder zubiegen.

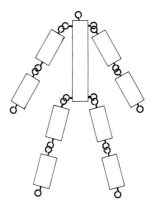

99 Der Körper

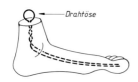

98 Verankerung der Fußgelenköse

97 Harlekin

Kleidung: Nach Abb. 100 die Einzelteile aus dem Futterstoff ausschneiden, entlang der gestrichelten Nahtlinien von links zusammennähen, säumen und der Puppe anziehen. In die Säume an Bund und Hosenbeinen einen Faden einziehen und damit die Pluderhose am Körper festbinden.

Fertigstellung und Aufhängung: Durch Auf- und Zubiegen der Ösen werden nun Kopf, Hände und Füße am Körper befestigt.

Die Puppe mit Mütze, Schal und aus viel Wolle hergestellten Quasten (siehe S. 44, Abb. 55) dekorieren.

Der Harlekin wird an einem Standardkreuz mit Kniefäden (siehe S. 26), Gelenkarm (siehe S. 28), Handstäben (siehe S. 29) und zwei Kopffäden (siehe S. 31) aufgehängt. Die Spielfäden an der Kleidung annähen bzw. an Händen und Füßen durch Umknoten und Ankleben befestigen.

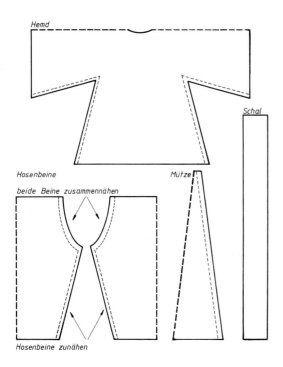

100 Schnittmuster für die Bekleidung des Harlekins

▷
101 Harlekin

Alte Dame mit Diener

Die Herstellung der alten Dame und des Dieners (siehe Abb. 103) entspricht der des Harlekins. Als Modelliermasse dient hier Plastika (vgl. S. 100). Ellenbogen-, Knie- und Fußgelenke werden als Scharniergelenke (siehe Abb. 146, S. 129) gearbeitet.

Das Gesicht der alten Dame drückt ihre Kleinlichkeit und Penibelität aus. (Aufhängung: Standardkreuz mit Kopf- und Handplättchen siehe S. 29, 31).

Spielanleitung: Die Marionetten Alte Dame und Diener eignen sich allein von den Typen her für Dialogszenen, die sich mannigfaltig ausspinnen und variieren lassen. Es bieten sich Szenen an, die von einem Konflikt zwischen den beiden beherrscht werden. Übungen, durch die man sich in die Situation einfühlen kann, stellen Stegreifspiel, freies Rollenspiel, geplantes Rollenspiel dar.

Vorübung 6: Freies Rollenspiel: Imke kommt am Mittag traurig von der Schule nach Hause. Sie hilft der Mutter bei den Mahlzeitvorbereitungen. Während des Essens erzählt sie den Eltern, daß sie eine Fünf in Mathematik geschrieben hat. Ihr jüngerer Bruder ist ebenfalls anwesend.

Die Marionetten (Namen, Stimmlagen?) müssen differenziert und gezielt Köpfe und Hände bewegen können, beim Gehen sollte das Schweben vermieden werden, um die Ausstrahlung zu erhöhen. Die Puppen sind aufeinander bezogen und spielen zusammen. Ein gutes Zusammenspiel ist nur durch Übung erreichbar.

Die alte Dame sitzt herrschaftlich in ihrem Sessel bei Tee und Keksen. Bestimmt und eindringlich ruft sie ihren treuen Diener. Dieser eilt selbstbewußt, schnell und bereit, die Wünsche seiner Herrin zu erfüllen, herbei. Zornig sieht diese ihn an und spricht: »Du hast meine wertvolle chinesische Vase beim Staubwischen herunterfallen lassen.« Der Diener ist verdutzt usw.

▷
102 Alte Dame

103 Diener

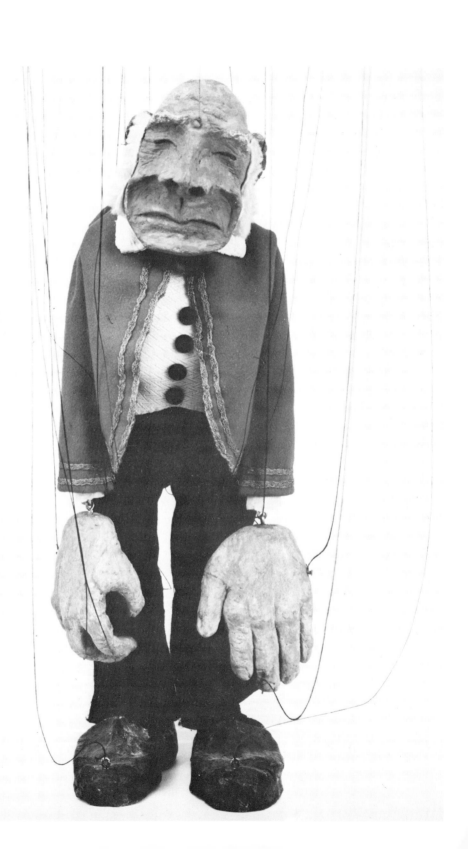

104 Mandarin

Mandarin

Kopf und Hände dieses Mandarins (Abb. 104) werden mit Pappmaché um einen Styroporkern modelliert (vgl. S. 98). Durch seine Kleidung kann auf einen Holzkörper verzichtet werden (wie bei der Fee Augenstern siehe S. 46). Die Puppe ist wegen ihrer fehlenden Füße an einem Standardkreuz ohne Beinstange aufgehängt.

Die Hände des Mandarins spiegeln u.a. folgende zwei Charakterzüge wider: rechte Hand – anklagende Härte, linke Hand – Raffgier.

Maya

Material und Werkzeug: Knetmasse, abgelagertes Kiefernholzbrett, Weißleim, dünner Draht, zwei Holzleistenreste, elektrische Stichsäge (oder Laubsäge), Schraubzwingen, elektrische Bohrmaschine mit Schleifscheibe sowie biegsame Welle und Fräsvorsätze (oder Raspel), Holzschnitzmesser, Holzbohrer, Schleifpapier, Stahlwolle, Holzbeize, Schleiflack, Ballenmattierung, Messinggewindeschrauben M2 und Hutmuttern, kleine Karabinerhaken, Messingösen, fester Messingdraht.

Herstellung: Den Kopf aus der Knetmasse modellieren. Den dünnen Draht um die Leistenreste wickeln und den Kopf mit dem Draht in Scheiben von der Dicke des Kiefernbrettes zerteilen (Abb. 105).

105 Zerteilen des Kopfmodells aus Knetmasse

106 Die ausgesägten Kopfteile

Die Scheiben auf das Brett legen und ihre Umrisse aufzeichnen.

Das Brett entsprechend den Umrissen aussägen und den Kopf mit Weißleim und Schraubzwingen zusammenleimen (Abb. 106, 107).

Der Rohling wird nun mit Raspel und Schleifscheibe bearbeitet (Abb. 108, 109).

Hölzer für die Ohren zusägen, anleimen und die Ohren herausarbeiten (Abb. 110, 111).

Als Vorlage dient bei den vorherigen Arbeitsgängen der wieder zusammengesetzte Knetmassekopf. Abschließend Feinheiten mit dem Schnitzmesser ausschnitzen und das Holz mit Schleifpapier verschieden feiner Körnungen glatt schleifen.

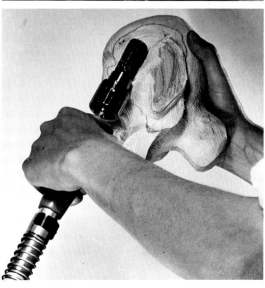

107 Zusammenleimen der Kopfteile
108 Bearbeitung des Kopfrohlings mit der Schleifscheibe
109 Der Kopfrohling läßt sich leicht mit einer elektrischen Bohrmaschine, biegsamer Welle und Raspelvorsatz bearbeiten.

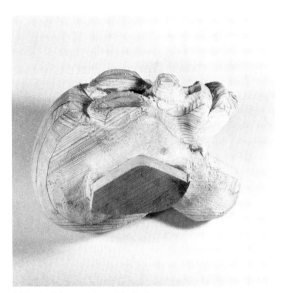

110 Anleimen der Ohrhölzer

111 Der Kopf ist fertig modelliert

Den Körper wie den Kopf herstellen und auf die Einarbeitung der Gelenke achten. Scharniergelenke werden mit Gewindeschrauben und Hutmuttern, Kugelgelenke mit Ösen zusammengesetzt. (Knie-, Fuß- und Ellenbogengelenke siehe Abb. 148, S. 130 (vgl. auch Abb. 150); Hüft- und Schultergelenke siehe Abb. 139, S. 126; Halsgelenk siehe Abb. 151, S. 131).

Kopf und Körper beizen oder anmalen (Oberflächenbehandlung vgl. S. 104).

Das Gesäß ist an einer bis zum Bauchnabel durchgehenden Schraube am Bauch befestigt, so daß es im Takt der Schritte hin- und herschwingt (siehe Abb. 113, 114).

▷

112 Die Körperteile sind mit einer Stichsäge ausgesägt

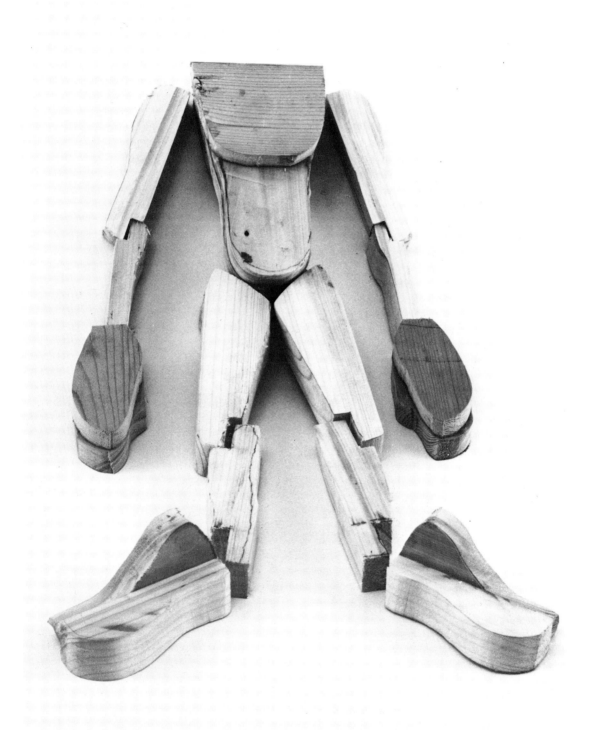

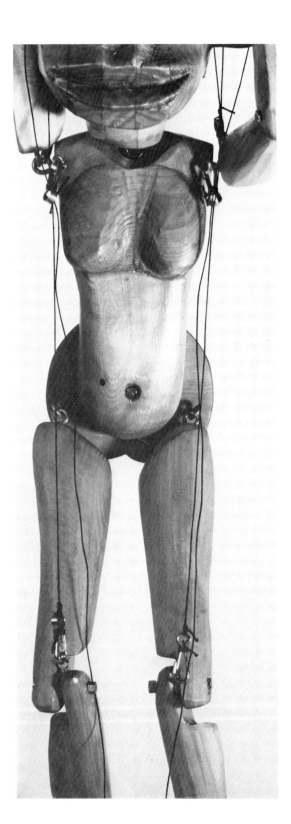

113 Befestigung von Oberschenkeln und Gesäß

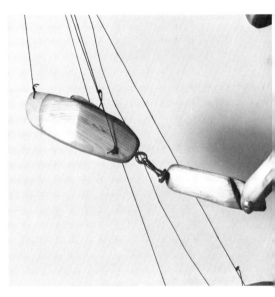

115 Befestigung der Hand mit einem Karabinerhaken

▷
114 Mayas Körper

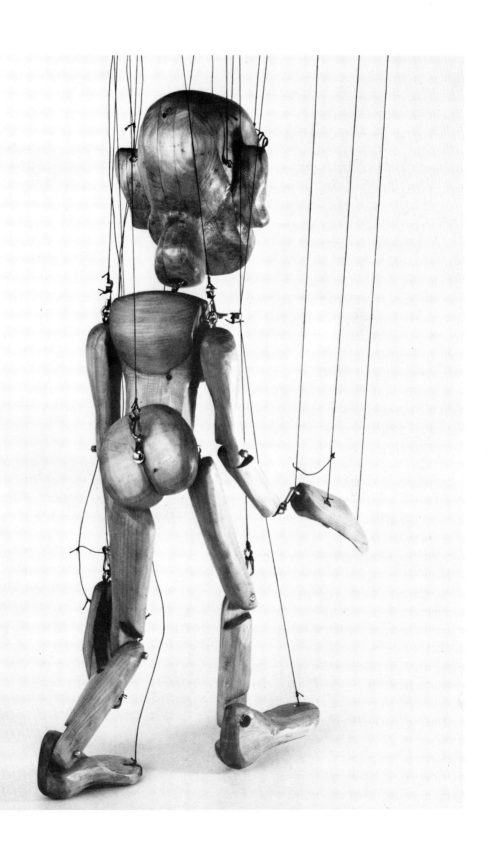

Aufhängung, Kleidung und Dekoration: Damit die Bekleidung der Puppe gewechselt werden kann, sind Hände, Kopf und Spielfäden, die dabei stören würden, mit kleinen Karabinerhaken angebracht.

Die Marionette ist an einem Standardkreuz mit Gelenkarm (siehe S. 28), Kopf- und Handplättchen (siehe S. 29, 31) sowie Augenstab (siehe S. 32) aufgehängt.

Dekoration und Kleidung unterstreichen das offene Wesen der Figur. In die Kniefalten der engen Hose und in die Schulternähte der Bluse sind lange Schlitze eingearbeitet, damit die Spielfäden die Kleidung nicht hin- und herziehen.

▷
116 Maya

Neally

Diese Marionette entspricht in der Herstellung Maya. Auch bei diesem Herren wird von der Möglichkeit Gebrauch gemacht, in beide Hände verschiedene Charakterzüge zu legen (vgl. S. 86). (Halsgelenk vgl. Abb. 152, S. 131).

▷
117 Neally

Entwerfen von Marionetten

Auswahl und Verarbeitung der Materialien

Bevor wir eine Marionette entwerfen, steht die Entscheidung zu einem Grundmaterial. Für seine Wahl gibt es viele Gründe: Sie mögen es gern, sind mit seiner Bearbeitung schon vertraut, oder es paßt gut zu der Marionette, die Sie bauen wollen.

Die folgende Übersicht informiert Sie über die geläufigsten Materialien, ihre Eigenschaften, die Arbeitstechniken und die notwendigen Werkzeuge. Die Seitenzahlen in den Tabellen weisen auf die entsprechenden Bauanleitungen hin. Wo es das gewünschte Material zu kaufen gibt, sagt Ihnen der Bezugsquellennachweis am Ende des Buches.

▷
118 Krieger

▷ 119 Mandarin

Materialien für Kopf, Rumpf und Glieder

Material	Werkzeug/ Zubehör	Arbeitstechnik	Besondere Eigenschaften
Textilien (dehnbarer) Stoff, Stoffreste, Filz, Strümpfe, Füllmaterial (Dralonwatte, Schaumstoffflocken, Stoff- oder Wollreste, getrocknete Erbsen, Reis usw.)	Nadeln (Nähmaschine) Schere, Faden, Klebstoff	zusammennähen und ausstopfen, mehrere ausgestopfte Teile aneinanderfügen (s. S. 39) oder durch Abnähen modellieren (siehe S. 48)	bruchsicher, teilweise (ab-)waschbar, weich, billig geeignet für Kinder ab etwa 9 Jahren
Pappe Pappen verschiedener Dicke, Wellpappe	Schere (Teppichmesser), Klebstoff (Klebeband), Hefter	zu Körpern (Würfel, Zylinder usw.) zusammenkleben und zu Gesichtern, Leibern zusammensetzen (siehe S. 54)	bruchsicher, aber nicht sehr haltbar, steif, billig geeignet für Kinder ab etwa 9 Jahren
Pappeier	wie oben	aufschneiden und durch Verwenden verschiedener Größen und Teile zu Leibern und Gesichtern neu zusammenkleben	bruchsicher geeignet für Kinder ab etwa 9 Jahren
Atlas-Ago EV 3 und Lösungsmittel (Ein beidseitig mit Kunststoff beschichtetes, an Pappe erinnerndes Gewebe, das nach Eintauchen in das Lösungsmittel (feuergefährlich!) weich wie Fensterleder wird und beidseitig klebt; nach 3 bis 4 Stunden Trockenzeit ist es steinhart.)	Schere, Teppichmesser	Atlas-Ago zurechtschneiden, in Lösungsmittel einweichen und auf eine Pappform (wie oben) aufkleben	ausgesprochen widerstandsfähig, Veredelungsmöglichkeit für Marionetten aus Pappe geeignet für Kinder ab etwa 12 Jahren
Pappmaché (Knetmasse oder Kaninchendraht, Seidenpapier oder Zeitungspapier)	Kaltleim, Schüssel, Rührlöffel	Möglichkeit 1: Eine vorbereitete Form aus Knetmasse oder Kaninchendraht wird mit mehreren Schichten eingeleimter Papierstreifen überzogen. Nach längerer Trockenzeit entsteht eine pappähnliche Schicht (siehe S. 86). Möglichkeit 2: Fein zerrissenes Zeitungspapier in Wasser einige Stunden einweichen, Wasser gut herausdrücken und mit Kaltleim anrühren. Durch Kneten erhält man eine modellierfähige Masse. Modellieren und trocknen lassen.	bruchsicher, billig, zeitaufwendig („Dreckarbeit") geeignet für Kinder ab etwa 12 Jahren

Material	Werkzeug/Zubehör	Arbeitstechnik	Besondere Eigenschaften
Modelliermassen Keramiplast, Tonal, Plastilin, Modello, Efa-Plast, Modelplast, Das-Pronto	Holzstäbe, Löffel, Gabel als Hilfe zum Modellieren	Knetmasse modellieren und trocknen lassen, bemalen und evtl. mit wasserfestem Lack überziehen.	meist weniger bruchfest und nicht wasserfest
Plastika, Modelpowder Plastiform	wie oben	Pulver nach Anweisung anrühren, kneten und (bei größeren Teilen um ein feuchtes, mit Fäden fest umbundenes Papierknäuel herum) modellieren, trocknen lassen (siehe S. 82).	hart wie Holz, bruchfest
Fimo (mehrfarbig)	wie oben Backofen	Knetmasse modellieren und nach Anweisung im Backofen härten (siehe S. 78).	stabil wie Hartgummi, bruchfest, wasserfest
Ton, Glasuren	wie oben Brennofen	Um Papierknäuel herum modellieren (damit im Brennofen wegen zu großer Materialstärken keine Risse auftreten, das Papier zerfällt im Brennofen), brennen, glasieren, brennen.	ästhetisch, sehr ansprechend, steinhart, wasserfest geeignet für Kinder ab etwa 9 Jahren
Pappmaché (siehe S. 98)			
Holz Holzfertigteile (Kugeln, Eier, Scheiben usw.)	Klebstoff (Pattex, Ponal), Bohrer, Handbohrmaschine, Fäden	zusammenleimen oder lochen und mit Fäden zusammenbinden (siehe S. 64)	ansprechend, gut haltbar geeignet für Kinder ab etwa 6 Jahren
Bambus, Bretter oder Holzreste	Metallsäge, Fuchsschwanz, Laubsäge (elektrische Stichsäge), (grobes, feines Sandpapier, Schleifklotz)	Form aufzeichnen und aussägen, (schleifen) (siehe S. 68).	geeignet für Kinder ab etwa 12 Jahren

▷
120 Mephisto, 1923, Otto Morach, Carl Fischer

Material	Werkzeug/Zubehör	Arbeitstechnik	Besondere Eigenschaften
abgelagertes Holz (mit geringem Abstand der Jahresringe), leicht schneidbar (Kiefer, Fichte, Lärche usw.)	Fuchsschwanz, Holzschnitzmesser, Stemmeisen, Raspeln (Holzfeilen), (Heimwerkermaschine, Raspel- und Schleifvorsätze, biegsame Welle, Stichsäge), Schleifpapier grob und fein, Weißleim, Schraubzwingen	Holzklotz mit Fuchsschwanz grob zurechtsägen, dann schnitzen oder aus einem Brett Scheiben aussägen und daraus Kopf zusammenleimen, mit biegsamer Welle und Raspelvorsätzen grob und fein bearbeiten (siehe S. 86).	langwierig, Übung und Fertigkeit im Umgang mit Holz erforderlich weniger langwierig, keine Übung im Schnitzen erforderlich geeignet für Jugendliche ab etwa 16 Jahren
Verschiedene Materialien Gießharze, Gießholz, Hartschaum (zur Herstellung z. B. des Kopfmodells geeignet: Ton, Plastilin und zur Herstellung der Form geeignet: Gips, Silikonkautschuk usw.)	siehe Modelliermassen S. 100, Schüsseln	z. B. aus Plastilin den Kopf formen, in eine Schüssel legen, diese zur Hälfte mit Gips ausgießen, eine Isolierschicht (Folie) dazwischen setzen, an der man die Form später wieder auseinandernehmen kann, die Schüssel mit Gips vollgießen, aber an Einlaßöffnung, z. B. für das Gießharz, denken. Nach dem Trocknen und nach der Entfernung des Plastilinmodells mit Füllmaterial ausgießen.	aufwendig, genaue Wiedergabe des Modells, serielle Fertigung möglich, sehr widerstandsfähig und bruchfest geeignet für Kinder ab etwa 12 Jahren
Zufallsmaterialien Behälter und Verpackungen jeglicher Art, Draht, Bleche, ausrangierte Haushaltsgegenstände usw.	Schere, Blechschere, Zange, Klebstoff usw.	schneiden, biegen, zusammenkleben, anmalen usw. (siehe S. 74)	billig, phantasieanregend je nach Material für Kinder ab etwa 6 Jahren

▷ 121 Um Mitternacht, 1966, Petra Mimkes
Werkstatt Spiel und Bühne
Hochschule der Künste, Berlin
Leitung: Prof. Herta Pflumm-Schönewolf
Im Besitz des Stadt-Museums München

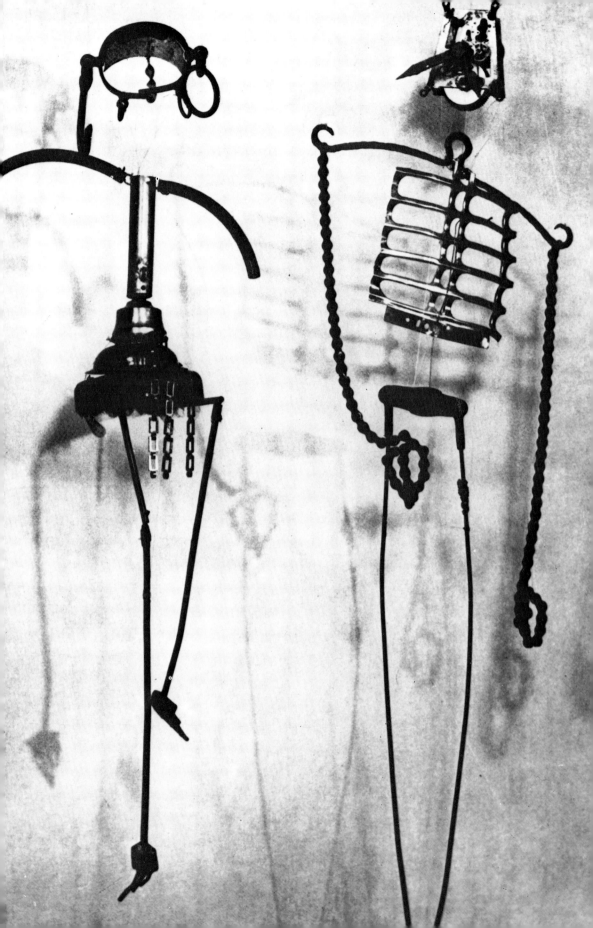

Materialien für Bemalung, Kleidung und Dekoration

Material	Werkzeug/ Zubehör	Arbeitstechnik	Besondere Eigenschaften
Stoffreste	Nadeln, Nähzeug (Nähmaschine),	nähen	
Filz		kleben (siehe S. 53, 58)	kein Säumen notwendig
Lederreste, Fellreste	Lochzange oder Dorn zum Vorlochen der Nähte oder Ledernadel Kombizange, Schere		
Wollreste, Hanf, Knöpfe, Perlen			
Messing-, Silberdraht, dünne Metallfolien und Bleche (Kupferblech usw.)		biegen, schneiden und biegen, durch Eindrücken auf weicher Unterlage Relief erzeugen (siehe S. 72)	
Farben (Stofffarben, Tuschkastenfarben,	Pinsel, Marmeladengläser usw.	malen, zeichnen (um Wasserfestigkeit zu erreichen, gegebenenfalls mit farblosem Lack übersprühen) (siehe S. 74, 99)	nicht wasserfest
Deko-Farben, Acryl-Künstlerfarben usw.), Buntstifte usw. (farbloser Sprühlack)			wasserfest
nur für Holz: Beize, Schleiflack, Ballenmattierung	Schwamm, Pinsel, feine Stahlwolle	Die Beizen nach Anweisung anrühren, mit dem Schwamm auf das geschliffene Holz auftragen, trocknen lassen, mit Schleiflack überziehen (Pinsel). Nach vorsichtigem Schleifen mit Stahlwolle mit einem in Ballenmattierung getränkten Lappenende einreiben (siehe S. 88, 93).	anspruchsvolle Verarbeitung, läßt Struktur des Holzes sichtbar bleiben, schnelles Trocknen

▷

122 Marionette aus »Goethe im Examen«, 1925, Paul Brann

Von der Idee zum Entwurf

Es gibt viele Anregungen, um eine Marionette zu schaffen: Eine Gestalt aus einem (Märchen-)Buch, ein Phantasiewesen, ein Tier, das Sie mögen, ein (berühmter) Mensch, den Sie verehren, ein Menschentyp, an dem Sie Anstoß nehmen, den Sie komisch finden, ein Bild usw. – und oft würden wir mit der uns vorschwebenden Gestalt am liebsten schon agieren können. Doch davor stehen Konkretisierung und praktische Umsetzung der Idee in die Wirklichkeit.

Zunächst ist es hilfreich, herauszufinden, was an der gewählten Figur besonders anspricht: Ist es die niedliche Gestalt, der betörende Augenaufschlag, der grimmige Charakter oder die direkte Art – jedenfalls werden wir mit dem Ergebnis sehr zufrieden sein, wenn wir das Ansprechende in ihm wiederfinden.

Dazu beobachten wir, wie sich dieser »besondere Zug« ausdrückt, um ihn in Formen umzusetzen. (Beispielsweise drückt sich Niedlichkeit für viele durch einen großen Kopf mit großen Augen und ebenen Gesichtszügen aus.) Dabei können Photos und Zeichnungen (aus Büchern oder selbergemacht) die direkte Beobachtung ergänzen.

Nachdem die Vorstellungen konkret geworden sind, haben Sie mehrere Möglichkeiten, um weiterzuarbeiten.

1. Breiten Sie das Material vor sich aus, und halten Sie (modellieren Sie) daraus spielerisch verschiedene Möglichkeiten fest, wobei Ihre Phantasie jedesmal die noch rohe Form zur fertigen Figur vervollständigt. Nach einiger Zeit werden Sie eine zufriedenstellende Lösung finden. Heben Sie hervor, was Ihnen für den »besonderen Zug«, den Typ der Marionette, wichtig ist, indem Sie es z. B. größer gestalten. Nebensächliches kann klein sein oder weggelassen werden. Planen Sie an dieser Stelle auch die Gelenke ein (vgl. S. 15, 108, 110). Verzichten Sie z. B. bei einem »steifen« Charakter auf Hüft- und Kniegelenke, oder geben Sie einer Artistin Beine und Arme aus einer weichen Kordel.
Groteske Figuren wirken häufig ansprechend. Da Kopf und Hände wesentliche Ausdrucksmittel der Marionette sind, werden sie meist überdimensional groß gestaltet.

Oft werden Sie von den spielerisch gewonnenen Ergebnissen beeindruckt sein, die nicht selten Ihre vorherige Vorstellung übertreffen. Können Sie sich auf Anhieb für keine Version entscheiden, hilft eine »schöpferische Pause«, ein Gespräch mit einem interessierten Freund . . ., bevor Sie mit dem Bau der Puppe beginnen.

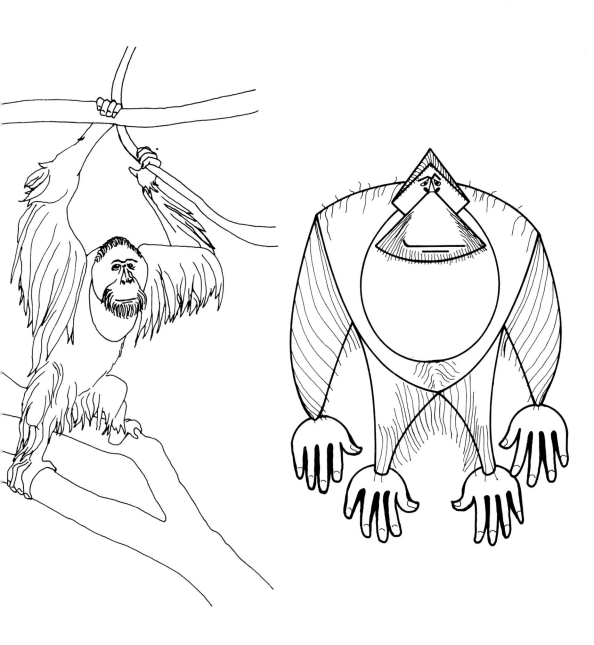

123 Vorlage und Grobentwurf

2. Läßt das Material die beschriebene Vorgehensweise nicht zu (z. B. Holzschnitztechnik), weichen Sie beim Entwerfen auf Ersatzmaterialien (z. B. Plastilin) aus, mit denen spielerisch ein Modell entsteht (Gestaltungstips siehe 1.).

3. Wer gerne zeichnet, kann die Marionette auch »nur« auf dem Papier entwerfen, wobei die Eigenschaften des Materials von vornherein berücksichtigt werden müssen (Gestaltungstips siehe 1.). Zeichnungen nach Vorlage gelingen dann besser, wenn Sie in das Vorbild einfache Formen (Dreieck, Viereck, Kugel, Ei usw.) hineinsehen und daraus einen Grobentwurf skizzieren, der zum nachbaufähigen Entwurf verfeinert wird (Abb. 123).

Kleidung, Details, Accessoires unterstreichen sparsam und gezielt verwandt den geschaffenen Typ und runden die Erscheinung ab.

Entdecken Sie beim Arbeiten an Ihren Marionetten die Freude am schöpferischen Umgang mit dem Material: Die ungezählten Ausdrucksformen reichen vom Karikieren bis zum Grotesken, ja Surrealistischen.

Praktische Tips und Hinweise

Beweglichkeit

Der Charakter der Marionette (vgl. S. 106) kann durch geschickte Wahl besonders beweglicher und starrer Körperteile hervorgehoben werden.

So besteht diese Halbweltdame beispielsweise auf wackelnden Hüften, wogegen ihr die getrennte Beweglichkeit der Oberschenkel unwichtig ist. Die notwendigen Gelenktechniken finden Sie in der Zusammenstellung S. 126, das entsprechende Führungskreuz auf S. 26.

Gewichtsverteilung

Wird die Gewichtsverteilung innerhalb einer Spielfigur nicht in die Planung miteinbezogen, kann es zu Mißerfolgen kommen. Dieser Kopf z. B. wird sich durch die Fäden nicht dazu bewegen lassen, nach vorn zu kippen. Nur wenn wir das Kinn (die Nase) beschweren, um den Schwerpunkt zu verschieben, lernt er das Nicken (Abb. 125).

Andererseits liegt in der Frage nach der Anordnung und Verbindung der Gewichte eine wesentliche und sehr anspruchsvolle Gestaltungsmöglichkeit. Die größte Ausstrahlung erreicht eine Marionette, die der Spieler nur zur Bewegung anregt und die dann aus sich heraus so agiert, wie es ihrem Wesen entspricht. Um die Art dieser Eigenbewegungen vorherzuplanen, muß man die Körperteile der Marionette als gekoppelte Pendel ansehen. Dann sind drei Naturgesetze entscheidend:

124 Halbweltdame

- Schwere Körperteile sind träge, bewegen sich von sich aus ruhiger, wohingegen leichte eher zu nervösen, schlaksigen Bewegungen neigen (Massenträgheit)
- Der Schwerpunkt des Körper(teil)s beeinflußt seine Bewegung
- Die Gelenke koppeln die Pendel aneinander, und ihre Beschaffenheit (leichtgängig, elastisch, schwergängig) beeinflußt die automatische Übertragung der Bewegung von einem auf das andere Glied.

Für eine »normale« Menschenmarionette ergibt sich daraus:

- Der Hauptschwerpunkt sollte an der tiefst möglichen Stelle des Körpers liegen
- Der Schwerpunkt des Kopfes sollte soweit vorn und oben wie möglich sein
- Beine und Arme bleiben leicht
- Die Gelenke sollen feinmechanisch präzise arbeiten (z. B. Abb. 141, S. 127; Abb. 148, S. 130).

Insgesamt sollte eine Marionette nicht mehr als 2 kg wiegen, da sonst das Spiel mit ihr zu ermüdend wird.

Körpergröße der Marionette

Für Puppenspiele im kleinen Kreis reichen etwa 20 cm große Figuren aus. Im Zimmertheater genügen etwa 40 cm große, vor einem größeren Kreis (Schule, Kindergarten, Heim usw.) etwa 60 cm große Marionetten, wenn sie ausreichend beleuchtet werden.

Schulterbügel

Diese Dame scheint es darauf abgesehen zu haben, sich gegen die übliche Befestigung der Schulterfäden an den Schultern zu wehren (Hut). In solchen Fällen gewährleistet ein Schulterbügel (Draht) die volle Beweglichkeit des Kopfes.

125 Einfluß der Gewichtsverteilung auf die Kopfbewegung

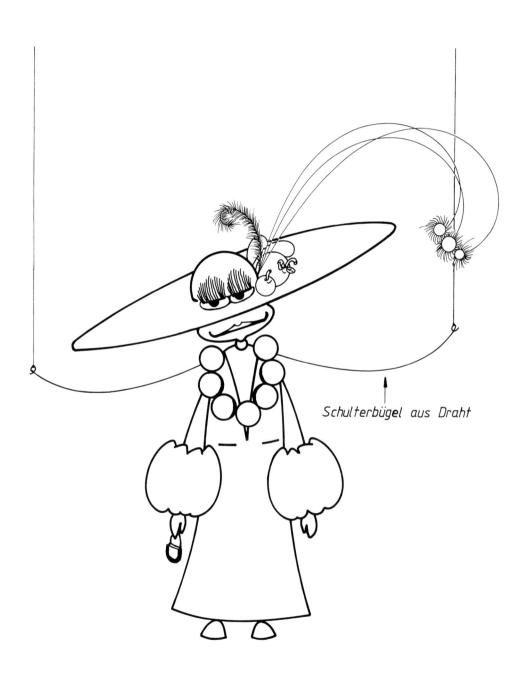

126 Schulterbügel

Sammelringe für Beinfäden

Manchmal behindern die Beinfäden die Armbewegungen. Um sie aus dem Aktionsbereich der Arme herauszunehmen, lassen sie sich durch kleine, z. B. an den Schultern befestigte Sammelringe (kleine Schlüsselringe) zusammenfassen.

Fadenabweiser

Fadenabweiser (aus Zwirn oder Draht, mit Klebstoff befestigt) verhindern ein Verfangen der Spielfäden, z. B. zwischen den Fingern.

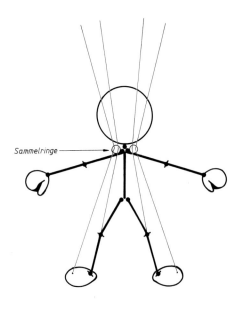

127 Sammelringe für Beinfäden

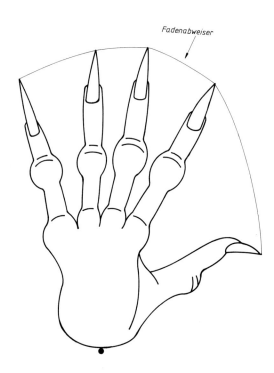

128 Fadenabweiser verhindern ein Verfangen der Spielfäden

Transport von Marionetten

Um beim Transport einer Marionette keinen »Fadensalat« zu erzeugen, dreht man sie mehrmals um sich selbst. So verdrehen sich ihre Fäden zu einem Strang. Steckt man sie dann in einen Beutel, der unterhalb des Kreuzes verschnürt wird, ist sie sicher verwahrt.

129 Marionettenverpackung

Das Marionettenspiel

Der Erfolg eines Marionettenspiels, dargeboten von Berufspuppenspielern, z. B. der Augsburger Puppenkiste oder dem Prager Marionettentheater Spejbl & Hurvinek, hängt von der Spielidee, vom Text, von der Regie, von der Bühnenausstattung, von den Spielmöglichkeiten, vom Aussehen der Puppen und besonders vom Können des einzelnen Puppenspielers ab. Laien, die zu einem Hobbypuppenspieler werden wollen, müssen sich Gedanken zu diesem Können des Puppenspielers machen, um für sich einen Einstieg in das Spielen zu finden. Aber vielleicht verspüren Sie von vornherein Begabung und Lust, Ihre Puppe in die Hand zu nehmen, mit ihr zu experimentieren und Erfahrungen zu sammeln, wie Sie zu Ihrer Puppe und zum Spiel mit ihr stehen.

Kleinkinder und Kinder besitzen von Natur aus die Fähigkeit, ein Spiel zu entfalten. Sie nehmen ihre Marionette in die Hand und lassen ihrer Phantasie freien Lauf. Wir sind überrascht über ihre Einfälle und netten Geschichten, die entstehen. Die Kinder können durch Nachspielen von Spielvorlagen zu solchen Spielen angeleitet werden, z. B. von Märchen (das Kleinkind) oder von Dialogen, wie »Papa – Charly hat gesagt...« (größere Kinder).

Der Puppenspieler beherrscht zwei Bereiche: den handwerklichen und den schauspielerischen. Der erste bezieht sich auf die Arbeit mit dem Spielkreuz, um Bewegungen bei der Figur auszulösen. Diese Bewegungen sollen mit der Zeit gezielt und vom Spieler bestimmbar ausgeführt werden, d. h., er muß mit der Technik des Spiels vollkommen vertraut sein.

Einige Anregungen, wie man sich den Umgang mit der Mechanik so erarbeiten kann, daß er allmählich zur Gewohnheit wird, seien hier nicht verschwiegen: Liegt die Marionette fertig vor, steht man lange Zeit vor ihr und »bestaunt« sie. Es ist der Stolz des »Schöpfers«. Nach und nach regt sich der Wunsch, diese Puppe zu bewegen. Man möchte sie gerne handeln sehen. Doch man traut sich nicht, ist vielleicht gehemmt. Das natürliche Empfinden vor allem Neuen, Unerprobten macht sich breit. In diesem Augenblick sollten Sie das Spielkreuz in die Hand nehmen und versuchen, die Marionette »gehen« zu lassen. Sie werden sehen, sie lebt sofort. Zuschauer sind begeistert. Dabei ist von Beginn an darauf zu achten, daß die Marionette nicht schwebt. Probieren Sie aus, ob sie schleichen, schreiten, sich seitwärts oder rückwärts fortbewegen, sich drehen kann.

Es kommen Experimente mit den Arm- (und Hand-)bewegungen dazu: einen Arm hochheben, einen Arm seitlich schwenken, beide Arme hochheben ... Man wird neugierig auf die Kopfbewegungen. Ein großer Spiegel hilft, diese wahrnehmen zu können. Jetzt gewinnt die Puppe an

▷
130 Jim Knopf und Lukas, der Lokomotivführer, Augsburger Puppenkiste

Ausdruck. Das Hantieren mit den Gliedern wird geübt und verfeinert. Man spielt der Familie, Bekannten z. B. vor: »Die Marionette und ihre Gestik« und erntet den ersten Beifall.

Mittlerweile mutet man sich schon zu, mehrere Glieder gleichzeitig zu bewegen. Das eigene Handgelenk hat sich gestärkt, die Spieldauer wird länger. Man gewinnt eine Fertigkeit im Umgang mit dem Spielkreuz.

Sie wissen, die Marionette bewegt sich langsam, und turbulente Szenen sind für sie ungeeignet. Ihre Bewegungen wirken, abgesehen von einer Tanzmarionette, wenn sie sparsam, aber bewußt und intensiv ausgeführt werden. Ausdrucksstark sind Kopf- und Armbewegungen. Das Marionettenspiel eignet sich vortrefflich zum dramatischen Spiel und zum Dialog (vgl. Spielanleitungen).

Damit nähern wir uns dem zweiten Bereich: dem schauspielerischen. Der Fadenführer muß sich in seine Rolle als Puppenspieler, in seine Puppe und deren Rolle einleben. Eine Identifikation mit dem Charakter der Puppe muß stattfinden, da er sich in ihrer Gestalt zeigt (vgl. *Mensch und Marionette* S. 122).

Gehen wir davon aus, die Marionette ohne vorherige Spielvorlage geschaffen zu haben, fragen wir uns, welchen Charakter wir ihr zuweisen wollen. Anhaltspunkte finden wir in ihrem Aussehen, ihrer Körpergestalt, ihren Bewegungen; denn diese Eigenschaften sind vom Charakter geprägt. Denken wir nur an uns selbst (vgl. Vorübungen zu den Spielanleitungen).

Noch fehlt ein wesentliches Detail: die Stimme. Da die Marionette unabhängig vom Puppenspieler existieren soll, ist es angebracht, wenn sie eine eigene Stimme bekommt. Der Puppenspieler kann sich wieder vor den Spiegel stellen, mit seiner Figur spielen und dabei unterschiedliche Stimmen ausprobieren, indem er seine Mundhaltung verändert (z. B. Sprechen mit breitgezogenen Lippen, spitzen Lippen, zugekniffener Nase usw., in hoher, tiefer Tonlage, mit Akzent usw., vgl. Vorübung 1 S. 46). Er könnte z. B. ein Spiel vorführen mit dem Titel: Die Marionette erfindet Stimmen, um bei den Zuschauern zu testen, welche Marionettenstimme ihnen gefällt.

Mit der Zeit wird er sich für eine Stimme entscheiden, und seine Marionette hat ihr vollständiges Eigenleben, wie z. B. bei Spejbl & Hurvinek oder Pinocchio. Nun kann der Puppenspieler sogar in völlige Distanz zu seiner Puppe gehen und bei Vorführungen mit ihr in einen Dialog treten (vgl. Prager Marionettentheater). Die Identifikation ist hier vollkommen und erlaubt somit diese Distanzierung.

Weitere Gedanken schließen sich an: Wie verhält sich dieser Puppencharakter in konkreten Spielsituationen, wie reagiert er? Daraus entwickeln sich Spielideen, Geschichten, Stücke, die auf den Typ der Marionette zugeschnitten sind. Das Marionettenspiel gewinnt von nun an ein Eigenleben (vgl. Spielanleitungen S. 66, 82).

131 Marionette aus »Meister Pedros Puppenspiel«, 1926, Otto Morach, Carl Fischer

Die aufgezeigte Entwicklung kann jeder bei sich selbst fördern und intensivieren, indem er sich zunächst den handwerklichen Bereich aneignet, sich mit der Puppe vertraut macht, um sich dann auf den spielerischen zu konzentrieren. Diesen wird er durch gymnastische, nonverbale, verbale Übungen schulen (vgl. Vorübungen zu den Spielanleitungen). Er sollte lernen, seinen Körper und sein Verhalten bewußt wahrzunehmen und einsetzen zu können. Körperschulung wird durch Gymnastik und Atemübungen sowie durch pantomimische Darstellungen erreicht.

Einige Spielideen zur Pantomime

Hier lassen sich Ratespiele ausgezeichnet einsetzen: Nachahmung von Tieren und Persönlichkeiten, Darstellung von Berufen, Musikinstrumenten, Gegenständen, Charakterzügen von Bekannten, Gefühlen usw. (vgl. Vorübung 1 S. 46, 2 S. 52, 3 S. 57, 5 S. 76). Es können Spielsituationen gemimt werden, wie z. B. Auf dem Jahrmarkt, Im Bus, Auf dem Spielplatz (vgl. Vorübung 4 S. 66). Bei der Gestaltung dieser Spiele kann der einzelne seiner Phantasie freien Lauf lassen. Die Spielideen sind vom Alter und den jeweiligen Möglichkeiten abhängig. Die Kindergärtnerin setzt andere Spiele ein als der Therapeut.

Auch verbale, freie Rollenspiele sind geeignet, da sie das Hineinversetzen in eine »fremde« Person schulen. Es bieten sich Streitgespräche an (Streit um eine Tafel Schokolade, Streit zwischen Eltern und pubertierender Tochter usw.). Alle Situationen lassen sich nachspielen, in denen ein Konflikt mit aufregenden oder lustigen Begebenheiten auftaucht, wie z. B. Im Zugabteil, Beim Mittagessen, Weihnachten (vgl. Vorübung 3 S. 57, 4 S. 66, 6 S. 82).

Bei all diesen Übungen sollen Spaß, Freude und die bewußte Selbstwahrnehmung im Vordergrund stehen. Durch Selbstbeobachtung und durch Beobachten seiner Mitmenschen wird man sensibler, kreativer und stärkt gleichzeitig sein Selbstbewußtsein. Man lernt, mit seinem Körper und seinen Fähigkeiten umzugehen und sie einzusetzen, was uns beim Spiel mit Marionetten außerordentlich hilft.

Diese Anmerkungen sollen Anregungen geben und das Spielen mit der Marionette erleichtern. Wer eine Marionette bewegt, hat die Zuschauer und ihre Begeisterung auf seiner Seite (vgl. Kapitel *Mensch und Marionette*), unabhängig davon, ob er ein geübter Spieler ist oder nicht. Aber gerade diese Tatsache sollte uns anspornen, das Marionettenspiel auszubauen und zu verfeinern: Der Erfolg begleitet uns von Anfang an. Und immer läßt sich aus der Beschäftigung mit unseren Marionetten noch dazulernen.

Bühnenformen

Offene Bühne

Marionetten üben eine erstaunliche Anziehungskraft auf den Zuschauer aus. Auch ohne besondere Bühne läßt sich auf ebener Erde oder auf einem Tisch spielen. Eine gezielte Beleuchtung der Marionetten und eine zum Hintergrund unauffällige Kleidung der Figuren erhöhen die Wirkung des Spiels. Berühmte Puppenspieler arbeiten auf diese unmittelbare Art.

Geschlossene Bühne

Eine geschlossene Bühne ist z. B. aus (Bambus-)Stäben und Bettlaken (Stäbe lochen, mit Schrauben und Flügelmuttern verbinden) oder aus Pappkartons leicht herzustellen.

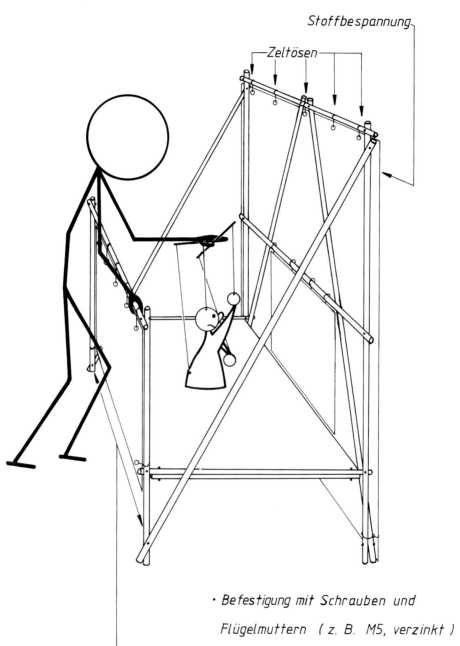

132 Kleine Marionettenbühne

Bühnen mit Spielbrücke

Bühnen mit Spielbrücke findet man meist bei stationären Bühnen. Die Spielfäden müssen um die Höhe der Spielbrücke verlängert werden, die Spielbrücken sind um die doppelte Armlänge der Spieler voneinander entfernt. Zur Herstellung von größeren Bühnen lassen sich Baugerüste gut verwenden.

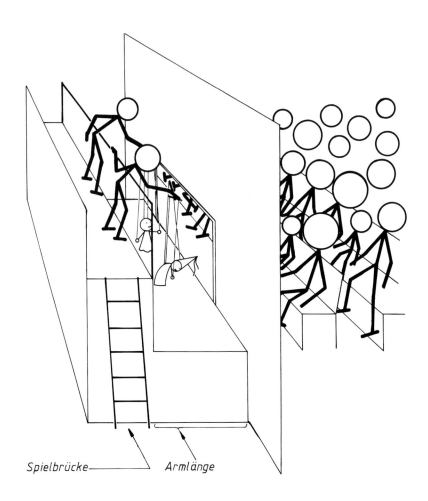

133 Bühne mit einfacher Spielbrücke

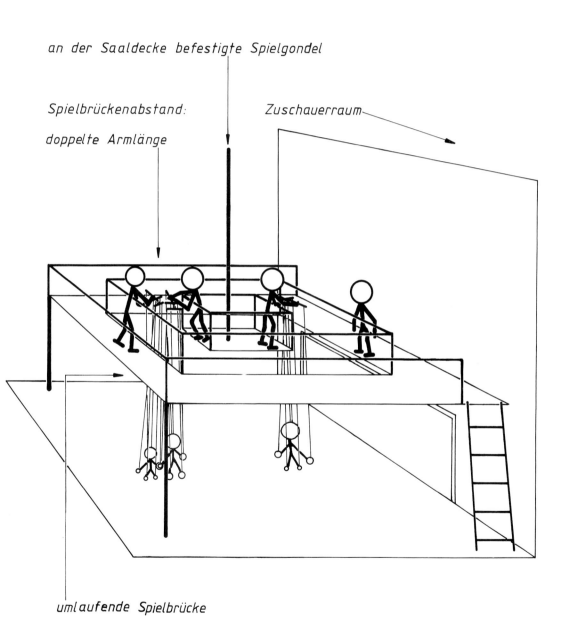

134 Bühne mit umlaufender Spielbrücke und Spielgondel

Mensch und Marionette

Wir sagten es schon: Zwischen Mensch und Marionette besteht eine Beziehung, die wir in Form von Begeisterung, Anziehungskraft wahrnehmen, die Dichter und Künstler in ihren Werken verarbeitet haben.

Worin besteht dieser spontane Kontakt? Zunächst einmal ist die Marionette eine Puppe, ein lebloser Gegenstand, zu dem jeder Mensch seit früher Kindheit eine Verbindung hat: Sie beruhigte uns, als wir ein Baby waren. Dann begannen wir, uns manuell mit ihr zu beschäftigen. Allmählich wurde sie zum Du, zum Ansprechpartner, zum Aggressionsobjekt. Wir traten mit ihr in Wechselgespräche ein und ließen sie im Spiel ein Wesen sein, das in uns unterbewußt ruht. Das Puppenspiel verschaffte uns seelische Befreiung. Zum anderen sind »Puppen« (Götter, Dämonen, Bilder, Fetische) aus der Vergangenheit der Menschheit nicht wegzudenken. Umgeben von mystischem Flair beeinflußten sie ganze Völker. Die Puppen sprechen uns ursprünglich an.

Eine Marionette ist nun mehr als eine leblose Puppe. Ihr Wesen wird zusätzlich durch Fäden und durch den Spieler bestimmt. Die Fäden bewirken Bewegungen, die sie zum Leben erwecken. Jede Bewegung hat ihren Schwerpunkt, dem die Marionette naturgemäß allein folgt. Kleist beschreibt die Folgen in seinem Aufsatz »Über das Marionettentheater« sehr anschaulich: »... ich in der Tat einige Bewegungen der Puppen, besonders der kleineren, im Tanze sehr graziös gefunden hatte.«

Er spricht von einer Tanzmarionette und meint, daß der Tänzer und Pantomime von ihr »mancherlei« lernen könne. Ihre Körpersprache ist leicht, ruhig, anmutig, ebenmäßig, und ihre »Seele« befindet sich nie woanders als in dem Schwerpunkt der Bewegung (vgl. S. 108, 110).

Beim Menschen müssen Gedanken und Seele nicht notwendigerweise in der Bewegung ihren Ausdruck finden, was zu einer Undurchschaubarkeit, zu Zweifeln führt. Eine Puppe ziert sich nicht, sie gibt sich offen und bejahend ihren Bewegungen hin; ein Mensch kann in seinem Gebahren gehemmt, verkrampft, verneinend sein. Auch der Rest von Anmut und Lieblichkeit verschwindet meistens, wird sich jemand dessen bewußt. Marionetten aber wirken zudem schwerelos, was ihre Faszination noch steigert (klassisches Ballett!).

Kleist setzt sich in seiner Fabel mit dem Reiz der Marionetten auseinander, der allein durch ihre Konstruktion hervorgerufen wird (siehe S. 35, 36, 108, 110). Und nicht zu vergessen ist das Beeindruckende der Figur: ihre Gestalt, ihr Körperbau, ihre Kleidung, ihre Maske.

Die Puppe ist ein Instrument des Puppenspielers. Bevor auf die Wechselwirkung zwischen Marionette und Spieler eingegan-

▷
135 Marionette aus »Dr. Faust«, 1923, Otto Morach, Carl Fischer

gen wird, müssen wir Überlegungen zum Spieler selbst anstellen: Durch seine Kindheit geprägt, gibt er sich im Spiel mit der Puppe ungezwungener als im Alltag, versetzt sich in Personen seines Unterbewußtseins und spielt sich frei: Er verhält sich spontaner, gelöster. Er verwandelt sich in ein Wesen, das schon in ihm schlummert, in die Puppe, und verleiht ihr damit ein Eigenleben. Sie wird originell, eigensinnig, und man kommt mit René Simmen zu der Erkenntnis, daß die Anerkennung des Puppenspielers nicht im Bestaunen seiner Mühen begründet ist: in der Idee, im Ausführungsplan, im Proben, in seinen Spieltechniken, im Können – sondern im Erfolg seiner Puppe als selbständig agierendes Wesen.

Der Virtuose tritt in Wechselbeziehung zu seiner Puppe und läßt sich von ihr inspirieren. Das Spiel wird zu einem vollendeten Kunstwerk, zu einer archaischen Kraft.

Die Zuschauer sind begeistert und identifizieren sich ohne weiteres mit der Marionette. Das Zulassen dieser Identifikation und die Beschäftigung mit ihr müssen tieferen Ursprungs sein. Jeder weiß von sich, daß er zu Gedanken und Verhaltensweisen neigt, die ihm fremd erscheinen, die aus seinem Unterbewußten stammen, die ihm unzugänglich sind: Er kommt zu der Überzeugung, sich nicht vollkommen zu kennen. Er fühlt sich also in bestimmten Abschnitten seines Lebens so, als ob jemand, nämlich sein zweites Ich (Charakterzug, Trieb), ihn ziehe und führe. Er kommt sich wie eine Marionette vor.

Der Vergleich von Mensch und Marionette hat einen wahrhaftigen Ursprung. Können wir vielleicht soweit gehen und sagen, unsere Triebe steuern uns ähnlich wie Marionettenfäden (vgl. Platon S. 9)?

Die Beschäftigung mit Marionetten, mit Spiel und Bau, bedeutet Beschäftigung mit vielschichtigen Dimensionen. Es wird jetzt verständlich, warum z. B. die französischen Theaterleute neidisch auf die Puppenspiele waren und sie auf die Jahrmärkte verbannten, oder warum sich Schriftsteller und Philosophen mit dem Gedanken auseinandersetzten, die Personenbühne durch die Puppenbühne zu ersetzen, warum Marionette und Mensch überhaupt miteinander verglichen werden können.

Das Marionettenspiel läßt sich zu den unterschiedlichsten Zwecken einsetzen: zur Unterhaltung, zur Therapie für Geist und Hände, zur Bearbeitung psychischer und sozialer Probleme. Es kann einen Gegenpol zum Alltagsleben, zum Streß, zur Hektik bilden und Selbstfindung und Kreativität fördern.

Es hilft uns und unseren Kindern, Gemeinschaft zu üben (Spiel bedeutet Spielen mit anderen), Erfindungsgabe, handwerkliches Geschick, Ausdauer, Verantwortungsbereitschaft zu entfalten und nicht zuletzt künstlerischen Anlagen nachzugehen. Es wird uns stets befreien, uns stets befriedigen. Selbst wenn es nur eine virtuose Kunst des Scheins ist, liegt sehr viel Wahrheit in ihr – und Schiller stimmt uns mit seinem Ausspruch nachdenklich: »Der Schein soll nie die Wirklichkeit erreichen, und siegt die Natur, so muß die Kunst entweichen.«

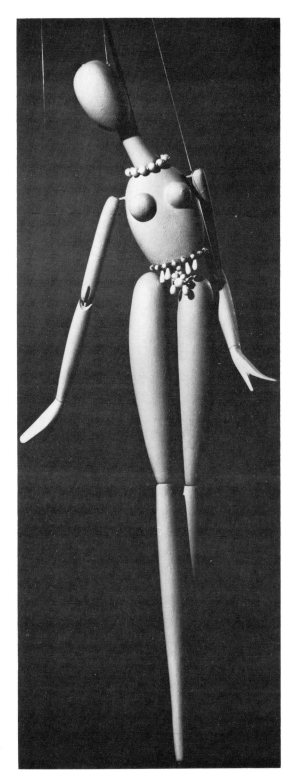

136 Tänzerin, 1973, Fritz Herbert Bross (Besitz: Ted Moré)

Anhang

Gelenke

Kugelgelenke

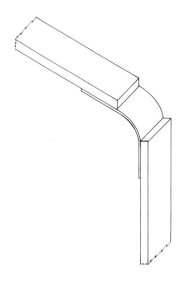

137 Verbindung mit einem Leder-, Stoff- oder Filzstreifen (Klebeband); aufkleben, annageln oder anschrauben

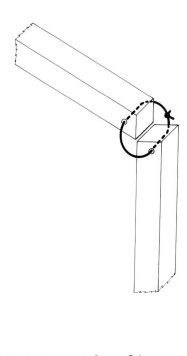

138 Verbindung mit fester Schnur

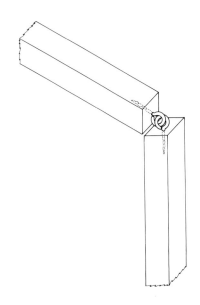

139 Verbindung mit zwei Ösen

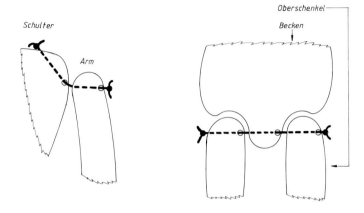

140 Verbindung mit einer durch Bohrungen gezogenen, festen Schnur als Achse

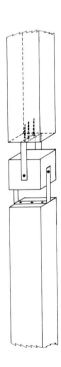

141 Kardangelenk aus zwei Metallbügeln, die am Mittelteil locker und an den Gliedern fest verschraubt sind

Scharniergelenke

142 Verbindung mit einem Leder-, Stoff- oder Filzstreifen (Klebeband); aufkleben, nageln oder schrauben

143 Verbindung mit einer Musterklammer

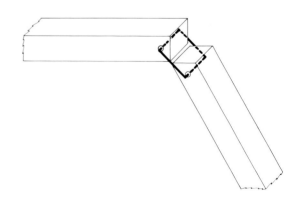

144 Verbindung mit einem durch Bohrungen geführten Drahtbügel

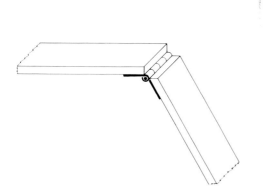

145 Verbindung mit einem aufgeschraubten Metallscharnier

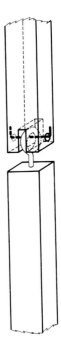

147 Verbindung mit einer Öse und einer Achse aus Draht (Schraube, Nagel)

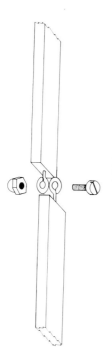

146 Lockere Verbindung zweier Ösen mit Hutmutter und Schraube

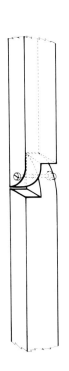
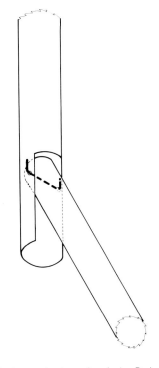

148 Scharnier mit einer Achse aus Schraube und Hutmutter (Draht)

149 Verbindung mit einer durch das Rohr (Bambus) gezogenen Drahtachse

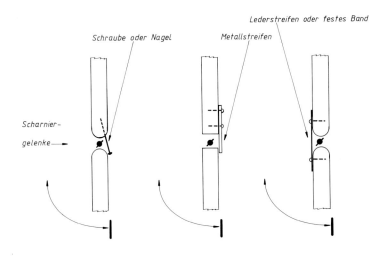

150 Schnittbilder von Überstreckungssperren z. B. für Ellenbogen- oder Kniegelenk

Der eingelassene Hals

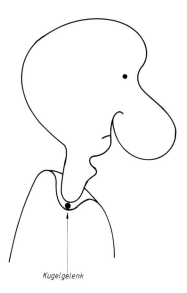

151 Schnittbild eines einfachen, verdeckt gearbeiteten Halsgelenkes

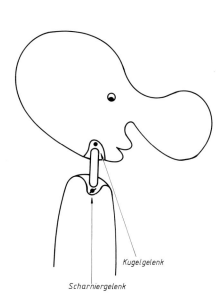

152 Schnittbild eines doppelten, verdeckt gearbeiteten Halsgelenkes, das den Kopf besonders beweglich werden läßt

Bezugsquellennachweis

Hobby- oder Bastlerbedarfsfirmen (oder entsprechende Warenhausabteilungen)

Bast
Dralonwatte (auch im Schaumstoffhandel)
Fellreste (auch in Kürschnereien)
Filz (auch in Stoffabteilungen von Warenhäusern)
Fimo
Fingerröhrchen
Gießharz
Glasuren
Holzfertigteile (Holzeier, Holzkugeln, Holzperlen)
Karabinerhaken
Knetmasse
Kupferblech, dünnes (auch im Laborbedarfshandel)
Lederreste
Metallfolie
Modelliermassen
Pailletten
Pappeier
Pappkugeln
Perlonfäden
Pfeifenstopfer (auch im Tabakwarenhandel)
Plastika
Plastilin
Schaumstoffflocken (auch im Schaumstoffhandel)
Silberdraht
Styroporei, Styroporkugel usw.
Ton (auch in Ziegeleien)

Eisenwaren- oder Heimwerkerbedarfsfirmen (oder entsprechende Warenhausabteilungen)

Flügelmuttern
Gewindeschrauben
Haken
Holzschrauben
Karabinerhaken
Messingdraht
Messingösen
Stahlwolle
Unterlegscheiben

Heimwerkerbedarfsfirmen

Gips
Sperrholz
Vierkantholz
Weißleim

Farbenhandel, Heimwerkerbedarfsfirmen

Ballenmattierung
Holzbeize
Schleiflack

Gartenbaubedarfshandel (oder in Gartenabteilungen von Warenhäusern)

Bambusstäbe
Bast
Kaninchendraht
Spanndraht

Sanitärbedarfsfirmen, Klempnereien

Installationshanf
Silikonkautschuk

Baubedarfshandel

Gips (auch in Drogerien)
Hartschaum
Styropor

Dekorationsbedarfshandel (Papierwarenabteilungen in Warenhäusern)
Dekofarben
Pappe, bunte
Perlonfäden

Supermärkte und andere Geschäfte (als Abfall)

Styropor
Wellpappe

Gerüstbaufirmen

Baugerüste, alte

Kurzwarenabteilungen von Warenhäusern

Lederschuhbänder
Pailletten
Seidenkordel

Lederhandel, Schuhmachereibedarfsfirmen (Schuhmacher)

Atlas Ago EV3 mit entsprechendem Lösungsmittel
Lederreste
Schusterzwirn

Anglerbedarfshandel (Sportabteilungen in Warenhäusern)

Angelschnur

Literaturverzeichnis

Anderson Benny E., *Das Puppenspielbuch: Bühne, Ton, Beleuchtung, Spiel und viele neue Puppen.* Ravensburg 1975

Batek Oskar, *Einfache Marionetten zum Nachbauen.* Ravensburg 1985

Batek Oskar, *Marionetten: Stab-, Draht- und Fadenpuppen.* Ravensburg 1980

Bissegger Ursula, *Puppentheater in der Schweiz.* Zürich 1978

Böhmer Günter, *Puppentheater: Figuren und Dokumente aus der Puppentheatersammlung der Stadt München.* München 1969

Boehn Max von, *Puppen und Puppenspiele.* München 1929

Bühler Waldemar, *Lederarbeiten modern und zeitlos.* Stuttgart-Botnang o. J.

Caillaud René, *marionettes et marottes.* Paris 1980

Chesnais Jacques, *Histoire générale des Marionettes.* Paris 1947

Collodi Carlo, *Pinocchio.* Zürich 1978

Eggen Lars, *Schnitzen: eine Anleitung für den Anfänger.* Ravensburg 1979

Eichler Fritz, *Das Wesen des Handpuppen- und Marionettenspiels.* Emsdetten 1949

Engel Carl (Hrsg.), *Deutsche Puppenkomödien.* Leipzig o. J.

Fast Julius, *Körpersprache.* Reinbeck 1979

Fettig Hansjürgen, *Kleine Bühne – großer Spaß.* Stuttgart 1977

Fling Helen, *Marionettes: how to make and work them.* New York 1973

Frank Gerhard, *Kleiner Töpferkurs.* Freiburg 1974

Fraser Peter, *Puppet Circus.* Boston 1971

Gervais André-Charles, *Marionnettes et Marionettistes de France.* Paris 1947

Glasbrenner Adolf, *Kaspar, der Mensch.* Hamburg 1850

Helmlé Eugen u. a., *»Papa, Charly hat gesagt . . .«* Gespräche zwischen Vater und Sohn. Reinbek 1975

Jaffke Freya, *Puppenspiel* (Arbeitsmaterial aus den Waldorfkindergärten Heft 7). Stuttgart 1981

Jurkowski Henryk, *Beiträge zur Geschichte des deutschen Puppentheaters.* Berlin 1979

Kleist Heinrich von, *Über das Marionettentheater.* Frankfurt 1977

Krause Axel, Bayer Alfred, *Marionetten entwerfen, gestalten, führen.* Niedernhausen 1981

Küpper Gustav, *Aktualität im Puppenspiel: eine stoff- und motivgeschichtliche Untersuchung.* Emsdetten 1966

Kurock Wolfgang, *Figur und dramatische Bewegung: dramatische Bewegung als Medium, Arten der Bewegung, . . .* Bochum 1972

Magnin Charles, *Histoire des Marionettes en Europe.* Paris 1862

Molcho Samy, *Körpersprache.* München 1983

Müller Werner, *Pantomime.* München 1979

Petzold Hilarion (Hrsg.), *Puppen und Puppenspiel in der Psychotherapie.* München 1983

Pocci Franz Graf von, *Kasperlkomödien*. Berlin 1922

Purschke Has R., *Die Anfänge der Puppenspielformen und ihre vermutlichen Urpsrünge*. Bochum 1979

Raab Alois, *Medium Marionette*. Kaufbeuren 1977

Rambert Madeleine L., *Das Puppenspiel in der Kinderpsychotherapie*. München 1977

Rapp Eleonore, *Die Marionette im romantischen Weltgefühl: ein Beitrag zur deutschen Geistesgeschichte*. Bochum 1964

Rehm Hermann Siegfried, *Das Buch der Marionetten: ein Beitrag zur Geschichte des Theaters aller Völker*. Berlin 1905

Reich Esti, *Auf den Vogel gekommen*. Stuttgart 1983

Rödl Otto, *Puppenspiele für Kindergarten und Schule*. Leipzig 1962

Roser Albrecht, *Gustaf und sein Ensemble: Beschreibung eines Puppenspielers*. Gerlingen 1979

Schmitt-Menzel Isolde, *Formen mit Modelliermassen*. Ravensburg 1977

Schnorr Günter, *Versuch einer Bibliographie puppenspielkundlicher Dissertationen und ähnlicher Hochschulschriften in deutscher Sprache sowie der entsprechenden Rezensionen*. Bochum 1979

Schuetze Hanni; Schulz Walter, *Marionetten: Herstellung und Spiel*. Ravensburg 1935

Seidel Günter; Meyer Walter, *Spielmacher, Spielen und Darstellen I*. Hamburg 1975

Simmen René, *Die Welt im Puppenspiel*. Zürich 1972

Simmen René, *Marionetten aus aller Welt*. Eltville 1978

Steinmann Peter K., *Auf der Suche nach Puppen*. Frankfurt 1979

Steinmann Peter K., *Theaterpuppen, ein Handbuch in Bildern*. Frankfurt 1980

Stöcklin-Meier Susanne, *Sprechen und Spielen*. Ravensburg 1980

Union Internationale des Marionettes (UNIMA), *Puppentheater der Welt: zeitgenössisches Puppenspiel in Wort und Bild*. Berlin 1966

Wittkop-Ménardeau Gabrielle, *Von Puppen und Marionetten: kleine Kulturgeschichte für Sammler und Liebhaber*. Zürich, Stuttgart 1962

Stichwortverzeichnis

Accessoires 108
Aggressionsobjekt 122
Anmut 122
Antike 9
Arbeitstechnik 98 ff.
Armbewegung 16, 52, 112, 114
Armstange 19, 21, 23 f., 29
Arnim, Achim von 10
Aufhängung 14 ff., 25
Augenfaden 32 f.
Augenbewegung 32 f.
Augenbrauen 44
Augenstab 32, 92
Augsburger Puppenkiste 114 f.
Ausdrucksfähigkeit 5, 25 f., 66, 106, 116
Ausstrahlungskraft 5, 108 ff., 118, 122

Ballett, klassisches 122
Bambus 68 ff., 100
Bart 44
Basel 9
Beckenbewegung 26
Beize 88, 104
Bekleidung wechseln 92
Beinfäden 122
Beinschwinge 35 ff.
Beinstange 19, 21, 23 f., 26, 86
Beinstange, abgewinkelte 36
Beleuchtung 38, 110, 118
Bemalung 104
Berufe 5
Beweglichkeit 106, 108 f.
Bewegungen, charakteristische 35 f.
Bewegungen der Marionette 14 ff., 106, 108, 114, 116, 122
Bewegungen der Marionettenfinger 30
Bouchet, Guillaume 9
Brann, Paul 105
Bross, Fritz Herbert 36
Bühne 118 ff.
Bühne, geschlossene 118 f.
Bühne, offene 118
Bühne, stationäre 120 f.

Charakter 75 f., 82, 86, 94, 106 ff., 116, 124

Commedia dell' arte 10

Dada 12
Dämonen 122
Dekoration 42, 50, 55, 60, 104, 108
Dialog 114, 116

Eichendorff, Josef Freiherr von 10
Eigenbewegung der Marionette 108 ff.
Eigenleben 116, 124
Ellenbogengelenk 88
Eltern 5 f.
Entwicklung 117
Entwurf 96 ff., 106 ff.
Ersatzmaterialien 108

Fadenabweiser 112
Fadenlänge 25, 120
Fadensalat 113
Faust 10
Fetische 122
Figurenwerke, mechanische 9
Fingerfaden 29 f.
Fischer, Carl 100, 117, 122
Flügel 20
Flügelfaden 20
Flügelstange 20 f.
Freiheitsgrade der Rotation 35
Führungskreuz 15
Führungsstab 16, 40, 52
Funktionsgruppen 35
Fußfaden 19

Gehen der Marionette 18, 66, 114
Gelenkarm 28, 31, 80, 92
Gelenke 15, 106, 108 f., 126 ff.
Gesäßfaden 19, 21, 28, 31, 62, 66, 91
Geschichte der Marionette 9 ff., 122
Gestik 29, 76, 116
Gewichtsverteilung 110
Gießharz 102
Glasur 100
Goethe, Johann Wolfgang von 10
Götter 122
Griffholz 37

Grobentwurf 107 f.
Großeltern 5
Größenverhältnisse 21
Grundbewegung der Marionette 35
Grundmaterial 96
Grundspielkreuz 17, 23 f., 54 ff.
Gummibandaufhängung 20, 29 ff., 34, 75

Haare 48
Hals, eingelassener 94, 131
Halsgelenk 16, 94, 131
Handballenfaden 30
Handbewegung 29 f., 114
Handfaden 19
Hand, Öffnen der 30
Handplättchen 29, 82, 92
Handstäbe 29, 80
Handwurzelfäden 29 f.
Hans-Wurst 10
Hartschaum 102
Hauptschwerpunkt 110
Haydn, Joseph 10
Heim 110
Heilpädagogik 12
Hemd 80
Hinterbeinfäden 18
Hinterkopffaden 31, 80
Hobby (Steckenpferd) 5, 114
Holzfertigteile 58, 64, 66, 100
Hose 80
Hüftfaden 26
Hüftgelenk 88 ff., 106, 108 f.
Hut 110 f.

Identifikation 116, 124

Kardangelenk 36, 127
Kasper 10
Kerner, Justinus 10
Kinder 5, 16, 18, 20, 23 f., 26, 46, 52, 57, 68 f., 98 ff.,
   114, 125
Kindergarten 52, 117
Kindheit 122, 124
Kleid 47
Kleidung 15, 42, 80, 92, 104, 108, 118, 122
Kleidung wechseln 92
Kleinkinder 16, 46, 114

Kleist, Heinrich von 10, 122
Kniefäden 26, 80
Kniegelenk 15, 90
Kopfbewegung 16 f., 19, 31, 114
Kopffaden 19, 21, 28, 64, 80
Kopfkreuz 34
Kopfplättchen 31 f., 62, 66, 75, 82, 92
Kopfstockmarionette 16, 37, 39 ff.
Kopf wiegen 31
Körperschulung 117
Körpersprache 122
Kreuzschnürung 18, 26, 34
Krone 50
Kugelgelenk 15, 126 f., 131

Laroche, Joseph 10
Laufkreuz 34
Leder 104
Lenau, Nicolaus 10
Le Sage, Alain René 10

Marionette am Draht 37
Marionette, Führung der 16, 25
Marionette, Körpergröße der 110
Marionettenkopplung 34
Marionettenspiel 9, 38, 46, 52, 57, 66, 76, 82, 114 ff.
Marionettenspiel, dramatisches 116
Marionettenverpackung 113
Marotte 9
Massenträgheit 108, 110
Material 96 ff.
Materialien, wertlose 74, 102
Menschenmarionette, normale 110
Mimik 29, 76
Mimkes, Petra 102
Modelliermasse 78 ff., 100, 102
Mörike, Eduard 10
Morach, Otto 100, 117, 122
Mundbewegung 32
Mütze 42, 44, 80

Nasenfaden 31, 80
neurospasta 9

Oberflächenbehandlung 88

Pantomime 52, 66, 117

Pappe 24, 54, 58, 77, 98
Pappmaché 86, 98, 100
Pendel, gekoppelte 110
Phantasie 114
Piron, Alexis 10
Platon 9, 124
Pluderhose 80
Pocci, Franz Graf 10
Pokorny, Max 12
Polichinelle 10
Prager Marionettentheater 114, 116
Prägetechnik 72, 104
Puppenspieler 114, 118, 122, 124

Quast 44, 80

Ratespiele 46, 66, 76
Raumachsen 35
Rohling 87
Rollenspiel 82, 118
Rollenspiel, freies 82, 118
Rumpfstange 19, 21, 23 f., 28, 31, 75

Sammelringe 90, 112
Scharniergelenk 15, 128 ff.
Schiller, Friedrich von 125
Schmid, Leonhard (Papa) 10
Schnabel 32, 60, 77
Schnabelbewegung 32, 34, 77
Schnabelfaden 32
Schnitztechnik 86 ff., 102, 108
Schule 12, 110
Schulterbügel 66, 110 f.
Schulterfäden 19, 21, 25, 31, 62, 66
Schulterstab 31
Schwerpunkt 110, 122
Selbstbeobachtung 118
Selbstwahrnehmung 118
Shakespeare, William 9 f.
Sicherungsfaden 29 f., 91
Simmen, René 124
Spanndraht 23, 52, 57, 66, 75
Spielanleitung 38, 46, 52, 57, 66, 76, 82, 114, 116 ff.
Spielbrücke 120 f.
Spielfadenlänge 25, 120
Spielgondel 121
Spielkreuz 15 ff., 57, 114

Spielkreuz, angemessenstes 35 f.
Spielkreuzbau 23 f., 57
Spielkreuz von F. H. Bross 36
Spielkreuzdurchmesser 36
Spielkreuzgröße 21
Spielkreuz, schräges 36
Spielkreuz, senkrechtes 35
Spielkreuz, tschechisches 36
Spielkreuz, waagrechtes 36
Spielsituationen 118
Standardspielkreuz 19, 23 f., 64 ff.
Standardspielkreuzerweiterung 26, 35 f., 64, 66 ff.
Stangenmarionette 16
Stegreifspiel 38, 52, 66, 82
Stimme der Marionette 46, 116
Stimme verstellen 46, 116
Storm, Theodor 10
Stranitzky, Anton 10
Streitgespräche 118

Textilien 39 ff., 62 f., 68 ff., 98
Tiermarionette 18, 31 f.
Ton 100
Transport von Marionetten 113
Trieb 124

Überstreckungssperre 130
Umhang 42
Unterbewußtsein 124

Verbeugen 19, 28, 110
Vogelmarionette 17 f., 20
Voltaire, François Marie Arouet de 10

Wandermarionettentheater 10
Werkzeug 98 ff.

Zeichnung 108
Zimmertheater 110
Zufallsmaterialien 74, 102
Zunft 9
Zürich, Kunstgewerbeschule 12

Papier
Versuche zwischen Geometrie und Spiel
von Franz Zeier

2. Auflage, 320 Seiten, 31 farbige und
667 schwarz-weisse Abbildungen, 171 Werkzeichnungen, gebunden Fr. 95.–/DM 114.–

Der Autor möchte seine Objekte nicht als Kunst verstanden wissen, sondern als Hand-Werk in seiner eigentlichen Bedeutung. Er nennt Papier ein »modernes« Material: greifbar, alltäglich, umgänglich, bescheiden. In seinem Buch »Papier« sagt er: »Was uns interessiert, sind nicht die endgültigen Lösungen, sondern das, was wir auf unseren Gestaltungswegen entdecken. Wir machen nicht abstrakte Kunst, sondern sammeln Erfahrungen im Umgang mit Formen.«

Heraus mit der Schere
Wegleitung und Anregungen zu Scherenschnitten mit Beispielen
von Ernst Lüscher

2. Auflage, 67 Seiten, 134 Scherenschnitte, kartoniert, Fr. 16.–/DM 18.–

Die Technik des kreativen Holzschnitzens
von Ian Norbury

160 Seiten, 221 schwarz-weisse Abbildungen, gebunden Fr. 58.–/DM 69.–

Das Buch richtet sich an alle Holzschnitzer:
- an den Anfänger, der mit einem Minimum an Werkzeugen auskommen will
- an den Könner, der an den verschiedenen Objekten sieht, wie er seine eigene Technik verbessern kann.

Verlag Paul Haupt Bern und Stuttgart

Holzschnitzen und Holzbildhauen
Eine gründliche Einführung in Technik und Material für Laien und Künstler mit vielen praktischen Beispielen und Anregungen
von Friedrich Frutschi

5. Auflage, 168 Seiten, 185 schwarz-weisse Abbildungen und 3 Zeichnungen, gebunden Fr. 32.–/DM 38.–

Schachtel – Mappe – Bucheinband
Die Grundlagen des Buchbindens für alle, die dieses Handwerk schätzen: für Werklehrer, Fachleute und Liebhaber
von Franz Zeier

304 Seiten, 28 farbige Abbildungen und 551 Zeichnungen, gebunden Fr. 68.–/DM 79.–

Dieses neue Buch führt den Leser Schritt für Schritt in die handwerklichen Techniken des Buchbindens ein. Der Autor hat grosses Gewicht auf die Anfangsgründe des Buchbinderischen gelegt, zum Beispiel auf Handhabung der Werkzeuge, auf Behandlung des Werkstoffs Papier oder auf die vielfältigen Probleme des Klebens. Ausser den verschiedenen Ausführungen von Schachteln, Mappen, Deckenbänden behandelt er hier auch das Fotobuch, das Passepartout und die Klebebindung. Die vielen Zeichnungen verleihen dem Werk eine ausserordentliche Anschaulichkeit und ermöglichen dem Leser ein lückenloses Verfolgen der Arbeitsabläufe. Der Lehrgang ist übersichtlich aufgebaut und trotz aller Gründlichkeit nicht überlastet. Auf Fachjargon wurde zugunsten besserer Allgemeinverständlichkeit weitgehend verzichtet. Ausserdem hat der Autor auf den Umstand Rücksicht genommen, dass in den Werkräumen unserer Schulen und zu Hause beim Laienbuchbinder in der Regel weder Stockpresse noch Pappschere oder Schneidemaschine zur Verfügung stehen.

Peddigrohrflechten
Ein Freizeit- und Arbeitsbuch mit vielen Anregungen und Abbildungen
von Heinrich Kunz

4. Auflage, 132 Seiten, 291 Abbildungen, gebunden Fr. 25.–/DM 28.–

Die Kunst des Färbens

mit natürlichen Stoffen
Geschichte – Methoden – Rezepte
von Lydie Nencki

257 Seiten, 106 farbige und
59 schwarz-weisse Abbildungen,
gebunden Fr. 68.–/DM 78.–

So färbt man mit Pflanzen

von Erna Bächi-Nussbaumer

3., erweiterte Auflage, 154 Seiten mit 30 farbigen
und 47 schwarz-weissen Abbildungen, gebunden,
Fr. 39.–/DM 44.–

Die Autorin vermittelt gründliche Kenntnisse über
das Grundmaterial (die Schafwolle) und die Vorbereitungsarbeiten (das Waschen und Beizen) in
Wort und Bild. Der Beschreibung der verschiedenen Färbemethoden folgt ein umfangreicher
Rezeptteil, ein Farbregister sowie ein farbiger
Pflanzenatlas.

Batik

Harmonie mit Wachs und Farbe. Ein Werkbuch
mit einem historischen Überblick, ausführlichen
Arbeitstechniken sowie vielen einfachen und
anspruchsvollen Beispielen zur Inspiration von
Annelies Ursin und Kathleen Kilchenmann

150 Seiten, 16 farbige und 80 schwarz-weisse
Abbildungen, gebunden, Fr. 44.–/DM 49.–

Batiken mit Naturfarben

auf Baumwolle, Leinen, Holz, Eiern, Papier. Ein
umfassendes Lehrbuch zur Herstellung und
Anwendung von Naturfarben in der Batik. Mit
einer Sammlung alter Rezepturen aus aller Welt
von Edda Reichert

92 Seiten, 26 farbige und 7 schwarz-weisse
Abbildungen, gebunden Fr. 39.–/DM 46.–

Verlag Paul Haupt Bern und Stuttgart

Batiken auf Seide

mit Naturfarben. Ein umfassendes Lehrbuch mit
vielen Rezepturen zur Herstellung und Anwendung
von Naturfarben in der Batik
von Dorit Berger

80 Seiten, 62 farbige und 5 schwarz-weisse Abbildungen, gebunden Fr. 34.–/DM 40.–

Die Autorin beschreibt vor allem die farbenspendenden Pflanzen. Sie zeigt, wie aus einer einzigen
Pflanze verschiedene Farben entstehen, wie auch
die Komplementärfärbung möglich wird. Es ist das
Anliegen der Verfasserin, mit ihren Anregungen
altes Wissen zu bewahren und für die heutigen
Menschen neu zu erschliessen und zugänglich zu
machen.

Das grosse Spinnbuch

Fasern – Geräte – Methoden
von Miriam Meertens

256 Seiten mit 240 schwarz-weissen und 8 farbigen
Abbildungen, gebunden, Fr. 39.–/DM 45.–

»Das grosse Spinnbuch« ist ein umfassender Lehrgang mit vielen Anregungen und Beispielen. Es
behandelt Spinngeräte, Spinnfasern und Spinnmethoden und dürfte mit seiner erstaunlichen Vielseitigkeit und Gründlichkeit in einschlägigen Kreisen
bald zum unentbehrlichen Handbuch werden. Der
Anfänger wird Schritt für Schritt sorgfältig eingeführt, für den Kenner aber ist das Buch eine
Fundgrube neuer Anregungen.

Weben für Anfänger

von Claire Jobin

Ein praktischer Lehrgang zum Weben von Stoffen
und Teppichen mit einfachen Techniken

91 Seiten mit 131 Zeichen, gebunden,
Fr. 22.–/DM 25.–

Die Freude am handwerklichen Weben nimmt zu
und zieht immer mehr Liebhaber in seinen Bann.
Weben wird im Schulunterricht ausprobiert, doch
bringen Platzfragen und Webgeräte Probleme.
Wie sie gelöst werden können, zeigt die Autorin
in diesem Band aufgrund ihrer jahrzehntelangen
Erfahrung.

Einfaches Weben
Eine Anleitung nach den Mustern und der Technik
der Indianer Guatemalas
von Rudolf und Helene Riedinger

144 Seiten mit 110 Strichzeichnungen, 35 farbigen
und 49 schwarz-weissen Abbildungen, gebunden,
Fr. 39.-/DM 44.-

»Einfaches Weben« ist ein Werkbuch, das sowohl
für Anfänger als auch für Lehrer, Textilfachleute
und Künstler gleichermassen interessant ist. Viele
schematische Zeichnungen und Beispiele indianischer Textilien regen zum Nachmachen, aber auch
zum kreativen Selbstgestalten an. Nicht zuletzt
lernt der Leser auch eine fremde Kultur kennen
und erhält, durch ausgezeichnete Fotos, Aufschluss
über die Mannigfaltigkeit der indianischen Tracht.

Bindungslehre – ein Webmusterbuch
Eine Anleitung zum Aufbau von Bindungen
für Tisch- und Handwebstühle bis 8 Schäfte und
10 Tritte
von Regula Buff

175 Seiten, 322 farbige und 21 schwarz-weisse
Abbildungen, gebunden Fr. 45.-/DM 54.-

Berufs- und Hobbyweber erhalten hier Anregungen
zur Vervollkommnung und Entwicklung ihres
Könnens. Dank seinem übersichtlichen Aufbau und
den ausführlichen Beschreibungen der einzelnen
Bindungen ist das Buch auch für weniger geübte
Weber leicht verständlich. Dieses Musterbuch
eignet sich darüber hinaus auch für den theoretischen Webunterricht.

44 Gewebe aus einer einzigen Kette
Mit vielen Anwendungsbeispielen für Anfänger
und Fortgeschrittene
von Leena Svensson

112 Seiten, 64 farbige Abbildungen und 82 Zeichnungen, gebunden Fr. 34.-/DM 40.-

Ein Webbuch, das durch die vielen Variationsmöglichkeiten besticht. Sie sind als Hinweis darauf zu
verstehen, dass die Grundmuster frei abgeändert
werden können, um die Gewebe selbst zu gestalten. Ob man viel oder wenig Erfahrung im Weben
hat – es genügt, wenn die Grundkenntnisse vorhanden sind; es finden sich Muster für alle Stufen.

Das grosse Webbuch
von Laila Lundell
Aus dem Schwedischen übersetzt von Ingrid und
Charles Eggimann

2. Auflage, 357 Seiten mit 518 schwarz-weissen und
47 farbigen Abb., gebunden Fr. 48.-/DM 53.-

Für den Anfänger ist »Das grosse Webbuch« ein
unentbehrliches Standardwerk, dem Webkundigen
dient es zur Vertiefung seiner Kenntnisse als Nachschlagewerk. Sogleich wird man mit Webstuhl und
Webgeräten vertraut, lernt den Webstuhl einrichten und erlebt die Freude am Weben. 48 Gewebe
sind so ausgewählt und eingefügt, dass immer auf
den Erfahrungen des vorangehenden Gewebes aufgebaut werden kann. Ein zweiter Teil des Buches
dient zur Vertiefung des Gelernten.

Brettchenweben
von Marga und Heribert Joliet-van den Berg

179 Seiten mit 19 Zeichnungen, 16 farbigen und
101 schwarz-weissen Abbildungen, gebunden
Fr. 48.-/DM 53.-

Das Buch gibt einen kurzen, einprägsamen Überblick der faszinierenden Geschichte der Brettchenweberei – ein Bericht in Wort und Bild von der
Schaffensfreude, die im Bereich textiler Handwerkskunst in Form der Brettchenweberei sich über die
ganze Erde und bei den unterschiedlichsten Volksstämmen entfaltet hat.
Die alte Handwerkskunst des Brettchenwebens
ergibt sich aus leicht erlernbaren Handgriffen an
einem einfachen Werkgerät. Die Technik dieses
Handwerks, von den einfachsten Hinweisen bis hin
zu schwierigsten und neuartigen Gewebestrukturen,
wird in pädagogisch exakter Weise und mit reichem Bildmaterial geschildert. Alt und jung können
auf interessante Weise ihre kreative Phantasie üben
und betätigen, und der technische Aufwand ist
gering. Der »Webstuhl« kann sogar in der Tasche
mitgeführt werden.

Töpfern a la mexicana

Einhundert ausführlich beschriebene Beispiele
Eine Einführung in Material, Technik und Dekoration
von Helene und Rudolf Riedinger

125 Seiten, 130 schwarz-weisse und 32 farbige
Abbildungen, gebunden Fr. 32.-/DM 38.50

Einleitend wird über das Material, die Technik und die Dekoration gesprochen und mit Beispielen vorgestellt. Im zweiten Teil – dem eigentlichen Hauptteil – sind einhundert Gegenstände abgebildet, dazu das jeweilige »Fertigungsrezept«. Genaue Angaben über das Material, die Formgebung, die Behandlung der Oberfläche und den Band sind Arbeitsgrundlage für das Nachvollziehen dieser teils eigenartig anmutenden Formen und Muster.

Schiffchenspitzen – Occhi – Frivolités

Eine Einführung in eine alte Handarbeit mit über 100 traditionellen und neuzeitlichen Mustern und Anwendungsbeispielen
von Waltraud Naumer

163 Seiten, 11 farbige und 45 schwarz-weisse
Abbildungen, gebunden Fr. 39.-/DM 46.-

Malen – Erziehung zur Farbe

Handbuch der bildnerischen Erziehung
von Gottfried Tritten

294 Seiten, 369 farbige und 328 schwarz-weisse
Abbildungen, gebunden Fr. 94.-/DM 112.-

Der bekannte Kunstpädagoge zeigt seine Erfahrungen und seine weitschichtige Auffassung der bildnerischen Arbeit, die handwerkliches Rüstzeug, logische Denkprozesse und emotional-intuitive Grundlagen in einen sinnvollen Zusammenhang zu stellen sucht.
Dem Praktiker wird ein Arbeitsinstrument in die Hand gegeben, das ihm hilft, seiner kunsterzieherischen Aufgabe gerecht zu werden. Der Laie lernt den bildnerischen Ausdruck der Kinder und Jugendlichen kennen.

Farbe. Licht, Sehen, Empfinden

Eine elementare Farbenlehre in Bildern
von Moritz Zwimpfer

176 Seiten, 535 farbige und 183 schwarz-weisse
Abbildungen, gebunden Fr. 108.-/DM 128.-

Das Buch beschreibt auf leicht verständliche Weise jene Vorgänge, die zur Wahrnehmung von Farbe führen: das Zusammenwirken von Licht und Materie, die Reaktion des Sehorgans auf das Licht und die dadurch ausgelöste Farbempfindung. Das Werk wendet sich an alle, die sich einen Überblick über das Phänomen Farbe verschaffen möchten, ohne sich diese Kenntnisse aus den Fachbüchern verschiedener Disziplinen zusammensuchen zu müssen.

Philippe Lambercy
Keramiker – céramiste

herausgegeben von Alfred Schneider

112 Seiten, 32 farbige und 11 schwarz-weisse
Abbildungen, 11 Zeichnungen, gebunden
Fr. 64.-/DM 77.-

Philippe Lambercy hat mit seinem grossartigen Werk die Steinzeugkeramik entscheidend bereichert und ihr künstlerische Glanzlichter aufgesetzt, die ihresgleichen suchen. Er zählt unbestritten zu den ganz Grossen in der europäischen Keramik.

Fingerhüte

von Edwin F. Holmes

191 Seiten mit 21 farbigen und 106 schwarz-weissen
Abbildungen, gebunden Fr. 48.-/DM 55.-

Das Buch erzählt die Geschichte des Fingerhuts und geht ausführlich auf die verschiedenen Materialien, Formen und Verwendungszwecke ein. Dass der Fingerhut als kulturgeschichtlich interessantes Sammlerobjekt einen hohen künstlerischen Wert hat, beweisen die vielen Sammlungen in privatem und staatlichem Besitz und die zahlreiche Literatur.

Verlag Paul Haupt Bern und Stuttgart

Marionetten

Wir führen sämtliches Material
zur Marionettenherstellung, z. B.:

Styropor-Kugeln und
Styropor-Würfel in diversen Grössen
Holzkugeln

darwi-Flocky zum Modellieren
darwi-Modelliermasse zum Lufttrocknen

Rundholzstäbe für Hals und Beine
Vierkantstäbe für das Spielkreuz
Perücken, Pelze, Hanfzöpfe
Viele Stoff-, Filz- und Lederresten
Perlen, Pailletten, Federn
und anderes Bastelzubehör

Verlangen Sie den Spezialprospekt

BASTELZENTRUM BERN

Bubenbergplatz 11   3011 Bern
Tel. 031 22 06 63